Sepp Brandl

Bergwanderungen im Dachsteingebirge und in den Niederen Tauern

Auswahlführer

für die Gebiete

rund um Schladming und Radstadt

Mit 63 Farbfotos und

51 farbigen Freytag & Berndt-Wanderkärtchen im Maßstab 1: 50 000

BERGVERLAG RUDOLF ROTHER GMBH • MÜNCHEN

Umschlagbild:
Oberer Gasselsee mit Dachsteingebirge

Bild gegenüber dem Titel (Seite 2):
Neustattalm und Dachstein-Südwand

Sämtliche Fotos vom Autor

Kartographie:
Wanderkärtchen im Maßstab 1: 50 000
© Freytag & Berndt, Wien

Die Ausarbeitung aller in diesem Führer beschriebenen Anstiege und Routen erfolgte nach bestem Wissen und Gewissen des Autors. Die Benützung dieses Führers geschieht auf eigenes Risiko. Soweit gesetzlich zulässig, wird eine Haftung für etwaige Unfälle und Schäden jeder Art aus keinem Rechtsgrund übernommen.

4. Auflage 1998

ISBN 3-7633-4196-X

BERGVERLAG ROTHER · München
D-85521 Ottobrunn · Haidgraben 3 · Tel. (089) 608669-10
Internet http://www.rother.de · E-mail bergverlag@rother.de

Vorwort

Das Tourengebiet des vorliegenden Wanderführers »Dachstein-Tauern-Region« umschließt den Süden der Dachsteinkette und den nördlichen Teil der Schladminger und Radstädter Tauern. Die Grenze der Bundesländer Salzburg und Steiermark teilt es von Norden nach Süden, und die junge Enns durchfließt es von Westen nach Osten, bildet also eine natürliche Trennungslinie zwischen dem Dachstein in der Nord- und den Niederen Tauern in der Südhälfte. Die Städte Schladming und Radstadt liegen an der bedeutenden Flußachse und gelten als Fremdenverkehrszentren dieses Gebietes, das sich in den letzten Jahren besonders durch den Wintersport einen Namen gemacht hat. Hier trifft der Gast immer wieder auf zwei Begriffe aus der Werbung, der »Sportwelt Amadé« im Salzburger Raum und der »Dachstein-Tauern-Region« im Bereich der Steiermark.
Dachstein und Tauern, das sind Begriffe, die unter Bergsteigern und Wanderern schon seit jeher Klang und Namen haben, es sind aber auch Gebirgsgruppen voller Kontraste. Darin liegt der besondere Reiz dieses großartigen Wandergebietes. Schroffe, leuchtende Kalkmauern und -türme über grünen Matten und dunklen Wäldern schaffen eine Szenerie, die den Vergleich mit den Dolomiten nicht zu scheuen braucht. Ihr gegenüber liegen in Sichtweite die Niederen Tauern mit zahllosen klaren Seeaugen und rauschenden Wasserfällen zwischen dunklem Urgestein. Wer als Wanderer einmal die Schönheit dieser Gebirgsgegend voller Gegensätze kennengelernt hat, wird davon schwärmen und wiederkommen! Die Wandersaison umfaßt den Sommer und Herbst, in sonnseitigen Lagen auch schon das Frühjahr (Mai) und noch den Spätherbst (Anfang November). Das Tourenangebot dieses Führers spannt sich von einfachen Tal- und Mittelgebirgs-, Hütten- und Almwanderungen bis zu Hochgebirgsrouten. Es weist den Weg in die Gletscherregion des Dachstein und auf den höchsten Gipfel der Niederen Tauern, es verrät die schönsten Rast- und Schauplätze der Region, kennt ihre Sehenswürdigkeiten und lohnenden Ausflugsziele. Das Gros der Wandervorschläge beinhaltet Tages- und Halbtageswanderungen; auf einigen lernt man aber auch im Rahmen von mehrtägigen Durchquerungen mit Hüttenübernachtung eine Gebirgsgruppe mit ihren landschaftlichen Glanzpunkten näher kennen. Allen, welche die Arbeit an diesem Wanderführer unterstützt haben, sei hiermit herzlich gedankt. Den Benützern des Büchleins wünscht der Autor viel Freude und stets eine gesunde Heimkehr von den Touren im Dachstein und in den Tauern!

Niederndorf, im Sommer 1998 — Sepp Brandl

Inhaltsverzeichnis

Touristische Hinweise

Zum Gebrauch des Führers

Das Inhaltsverzeichnis gibt Auskunft über den Aufbau des Führers und einen Überblick über die in acht Tourengebiete untergliederten Wandervorschläge. In jedem einzelnen erhält der Leser alle Informationen, die für die Durchführung der Tour wichtig sind. Eine genaue Charakteristik und Routenbeschreibung der Wanderung, die durch eine Karte im Maßstab 1: 50 000 mit eingezeichnetem Routenverlauf ergänzt wird, macht jedes weitere Karten- und Informationsmaterial überflüssig. Um unnötige Wiederholungen zu vermeiden, aber auch, um ein Angebot für Schlechtwettertage vorzufinden, werden die einzelnen Talorte mit ihrer touristischen Infrastruktur in alphabetischer Reihenfolge vorgestellt. Das Stichwortverzeichnis am Ende des Führers ist eine nützliche Nachschlagehilfe, es beinhaltet alle wichtigen geografischen Punkte der vorgestellten Wanderungen. Auf der letzten Umschlagseite gibt eine Übersichtskarte die Lage der 50 Wandervorschläge dieses Führers an, die sich zusammen mit den Varianten noch um einiges erhöhen.

Anforderungen

Die meisten Wanderungen verlaufen auf gut instandgehaltenen und markierten Steigen und Wegen. Dies sollte jedoch nicht darüber hinwegtäuschen, daß manche Stellen Trittsicherheit und Schwindelfreiheit erfordern. Außerdem ist zu beachten, daß die Touren im Frühsommer und nach längeren Schlechtwetterperioden erhöhte Schwierigkeiten aufweisen können. Um die jeweiligen *technischen* Anforderungen besser einschätzen zu können, wurden die Num-

Problemlose Bergwanderung bei Schönwetter (Tour 18).

Erhöhte Schwierigkeiten nach einer Schlechtwetterphase im Sommer (Tour 34).

mern der Tourenvorschläge mit verschiedenen Farben markiert; sie geben keine Auskunft über die *physische* Belastung auf der Tour. Die Farben erklären sich wie folgt:

Blau

Der Weg ist gut und lückenlos markiert, ausreichend breit und meist nur mäßig steil, daher auch bei Schlechtwetter relativ gefahrlos zu begehen. Diese Wege können auch von Kindern und älteren Leuten unter normalen Bedingungen ohne große Gefahr bewältigt werden.

Rot

Diese Steige sind ausreichend markiert, überwiegend aber schmal und über kurze Abschnitte bereits etwas ausgesetzt. Kurze Strecken dieser Steige können bereits mit Drahtseilen abgesichert sein und sollten daher nur von trittsicheren, mit entsprechender Ausrüstung ausgestatteten Bergwanderern begangen werden.

Schwarz

Diese Steige sind ebenfalls ausreichend markiert, aber schmal und über weite Abschnitte steil angelegt. Stellenweise können sie sehr ausgesetzt sein, manchmal wird die Zuhilfenahme der Hände notwendig. Dies bedeutet, daß diese Wege nur von absolut trittsicheren, konditionsstarken und alpin erfahrenen Wanderern angegangen werden sollten.

Gefahren
Obwohl die meisten der hier angeführten Wanderungen Wegen oder Straßen folgen, die Routen im Jahr vor der Drucklegung dieses Führers gut markiert waren, ist an einzelnen abrutschgefährdeten Stellen, bei Querung steiler Hänge oder hartgefrorener Altschneefelder sowie im steinschlaggefährdeten Gelände Vorsicht am Platz. Verschlechtert sich das Wetter deutlich, ist Mut zur Umkehr erforderlich. Bei unzureichendem Trainingszustand sollte man sich auch mit einem Teilziel der Wanderung zufriedengeben, wie es bei fast allen Touren zu finden ist.

Ausrüstung
Festes Schuhwerk, eine der Witterung angepaßte, bequeme Kleidung, Rucksack mit Pullover, Mütze, Anorak, Regen- und Sonnenschutz, Proviant und genügend Flüssigkeit (kein Alkohol) sowie Verbandszeug werden zur Mitnahme empfohlen.

Gehzeiten
Die zu den einzelnen Teilstrecken angegebenen Gehzeiten sind reichlich bemessen, beinhalten jedoch nicht die erforderlichen Rastpausen.

Einkehrmöglichkeiten
Die auf den Wanderrouten gelegenen Gasthäuser, Jausenstationen, Almen mit einfacher Bewirtungsmöglichkeit in den Sommermonaten und die Schutzhütten alpiner Vereine mit Betten- und Lagerzahl sowie Öffnungszeiten und Telefonnummer sind unter »Einkehrmöglichkeiten« im Beschreibungskopf jeder Tour gesondert aufgeführt.

Durchquerung
In die 50 Wandervorschläge dieses Führers wurde auch eine viertägige Durchquerung der Schladminger Tauern (Tour 24) aufgenommen, die in Obertauern beginnt und im Untertal bei Schladming endet. Auf der Route entlang des Tauernhauptkammes erreicht man auch den höchsten Gipfel der Niederen Tauern, den Hochgolling, und den bekannten Klafferkessel. Außerdem erhält man einen recht informativen Einblick in typische Landschaftsbilder der Schladminger Tauern, wohl eines der seenreichsten Gebiete des gesamten Alpenraumes. Dabei wird auch auf Abbruchmöglichkeiten und Busanschlüsse hingewiesen, so daß diese mehrtägige Unternehmung von jedem trittsicheren und gut trainierten Bergwanderer durchgeführt werden kann. Eine Durchquerung im Dachstein dauert zwei Tage (Touren 11/13).

Dritte Etappe auf der Tauerndurchquerung – bei den Landawirseen (Tour 24).

Wichtige Buslinien

Das österreichische Bundesministerium für öffentliche Wirtschaft und Verkehr (Bundesbus-Geschäftsstelle, Biberstr. 5, A – 1010 Wien) betreibt im Bereich des Wandergebietes dieses Führers eine ganze Reihe von Buslinien (BB – Bundesbus), die für den Wanderer besonders bei Überschreitungen und Durchquerungen interessant sind. Diese sind in den Regionalfahrplänen S2 und G7 aufgeführt und über obige Adresse erhältlich. Einige verkehren allerdings nur von Juli mit September.

10 TIPS FÜR BERGWANDERER

- Mit Rücksicht auf die Umwelt in Gruppen oder mit öffentlichen Verkehrsmitteln anreisen.
- Platzsparend und rücksichtsvoll parken, ggf. um Erlaubnis bitten.
- Markierte Wege nicht verlassen, Gatter schließen, an Zäunen den Durchschlupf oder die »Hühnerleiter« benutzen. Keine Steine ablassen.
- Allen Abfall wieder ins Tal mitnehmen.
- Auf Alpenblumen und -tiere Rücksicht nehmen und sie schützen.
- Sonnseitige Touren frühzeitig beginnen und genügend Flüssigkeit mitnehmen (kein Alkohol!), kurze Rast nach 2 Stunden einlegen.
- Wettervorhersagen und aktuelle Wetterentwicklung beachten und ggf. rechtzeitig umkehren. Im ORF-TEXT erhält man ganztags die stündlich aktualisierten Wetterwerte mit Wettervorhersage (zur Zeit Tafel 606 für Salzburg, 610 Steiermark, 611 6-Tage-Prognose, 612 Bergwetter). Das ORF 2 und das Bayerische Fernsehen übertragen täglich am Morgen Panoramabilder aus dem Wandergebiet.
- Sich nicht überfordern, bei gleichmäßigem Tempo nicht an der Leistungsgrenze gehen. Skistöcke sind auch auf einer Wanderung, vor allem bergab, eine wertvolle Hilfe.
- Im Quartier das geplante Tourenziel angeben.
- Bergrettung in Österreich: ✆ 140.

Bergbahnen

Bei mehreren Touren wurden Bergbahnen als »Aufstiegshilfen« vorgeschlagen; die meisten verkehren nur in den Sommermonaten, etwa Ende Juni bis Ende September, manche auch noch an schönen Wochenenden bis Mitte Oktober. Außerhalb dieser Zeiten sind die Touren nur vom Tal aus möglich, sofern keine Mautstraßen zur Verfügung stehen.

Parkmöglichkeiten

Von Jahr zu Jahr wächst die Parkplatzfrage zu einem größeren Problem an. An manchen Ausgangspunkten kann nur auf Privatgrund geparkt werden, worauf bei den betreffenden Touren auch hingewiesen wird. Es sollte selbstverständlich sein, beim Grundstücksbesitzer (meist Bauern, Gastwirte oder Jausenstationen) um Parkerlaubnis zu ersuchen, damit niemand behindert oder belästigt wird. Bitte beachten Sie die Hinweise zu Parkmöglichkeiten.

Abkürzungen

AV	=	Alpenverein	L.	=	Lager
B.	=	Betten	TVN	=	Naturfreunde
BB	=	Bundesbus	Ww.	=	Wegweiser
bew.	=	bewirtschaftet	S.	=	Schwierigkeitsangabe (»blau, rot, schwarz«)
Hm	=	Höhenmeter			

An den Goldlacken (Tour 19).

Wissenswertes über die Dachstein-Tauern-Region

Das Gebiet dieses Wanderführers gehört politisch etwa zu gleichen Teilen zum Land Salzburg und zur Steiermark und grenzt im Dachsteinstock an Oberösterreich an. Die größten Orte sind Schladming (Steiermark) und Radstadt (Salzburg). Beide liegen an zwei wichtigen Verkehrsadern, der Bahnlinie Salzburg – Graz – Jugoslawien und an der gut ausgebauten Ennstal-Bundesstraße, die im Westen an die Tauernautobahn angebunden ist.
Radstadt galt einst als einzige Stadt »inner Gepirg« und kann als solche bereits auf eine über 700jährige Tradition verweisen. Noriker, Kelten und Römer siedelten im Ennstal und benutzten den Radstädter Tauernpaß als wichtigen Alpenübergang und Nord-Süd-Verbindung, ehe der Landstrich von Salzburg her christianisiert wurde. In den Bergen um Schladming wurde bis vor 300 Jahren nach Eisen, Kupfer, Nickel, Kobalt, Blei und Silber geschürft. Deshalb trifft man in den Tauern heute noch auf die Spuren der Bergknappen, die mit Jägern, Säumern und Sennen in das schwer zugängliche Bergland vordrangen. Heute sind große Teile der Gebirgsgruppen dieser Gegend durch Straßen und Bergbahnen mit all ihren Vor- und Nachteilen erschlossen, und der Fremdenverkehr – insbesondere der Wintersport – ist zum bedeutenden Wirtschaftsfaktor geworden.
Das Gebiet dieses Wanderführers umschließt wesentliche Teile von vier Gebirgsgruppen: Dachsteingebirge, Radstädter und Schladminger Tauern sowie Salzburger Schieferalpen, die einen spitzen Keil zwischen Dachstein und Tauern treiben. Bedingt durch den geologischen Aufbau (Kalk im Dachstein und Urgestein in den Tauern), treffen hier beachtliche Gegensätze aufeinander und tragen wesentlich zu dem besonderen landschaftlichen Reiz dieser Alpenregion bei. Über den Flußauen der Enns baut sich im Norden die ausgedehnte Wiesenterrasse der Ramsau mit den waldummantelten und zum Teil freien, ungemein aussichtsreichen Kuppen der Schieferberge auf. Dahinter wachsen die Südwände der Dachsteinkette nahezu senkrecht in den Himmel und berühren fast die Dreitausendmeter-Marke. Eine wasserarme, verkarstete Hochfläche mit Gletschern dacht von dort nach Norden ab. Die nördlichen Kalkalpen überflügeln hier im Hohen Dachstein (2995 m) sogar den Alpenhauptkamm an Höhe. Im Gegensatz zu den hellen Kalkmauern im Norden stehen die dunklen Urgesteinsberge der Niederen Tauern im Süden mit dem Hochgolling (2862 m) als Kulminationspunkt. Lange Nord-Süd-Täler führen in die zu einem Naturpark erklärte Kernzone der Tauern hinein, die mit den vielen Bächen, Wasserfällen, kleinen Seen und Lacken ein ungemein reizvolles Wandergebiet darstellt. Während die meisten Tauerngipfel entlang der Enns heute durch Bahnen und Straßen erschlossen und deshalb sehr bequem erreichbar sind, findet man in der Kernzone noch manchen stillen Winkel. Ähnliches gilt auch für das Dachsteingebirge; es bietet nicht nur dem Kletterer sondern auch dem Bergwanderer ein reiches Betätigungsfeld und

Sonnenaufgang auf der Gasselhöhe, links Grimming und Ennstal (Tour 35).

steht gleichwertig neben so berühmten Alpenregionen wie etwa den Dolomiten. Die alpine Erschließung der Dachstein-Tauern-Region setzte mit der Erstbesteigung des Hochgolling durch unbekannte Männer aus Tamsweg (1791) und des Hohen Dachstein durch den Filzmooser Peter Gappmayer (1832) sowie mit der Durchsteigung der Dachstein-Südwand durch die Gebrüder Steiner (1909) bedeutende Marksteine. Den vielen Bergpionieren, Forschern und Autoren von Friedrich Simony bis Willi End, von Hans Wödl bis Peter Holl, fühlt sich der Autor dieses Wanderführers zu besonderem Dank verpflichtet, da sich alles Wissenswerte über die Dachstein-Tauern-Region in den heute zur Verfügung stehenden Schriften und Karten gleichsam wie bunte Mosaiksteine zu einem großartigen Bild zusammenfügt.

Talorte

Aich-Assach, 693 m und 753 m

Erholungsort mit Naturbadesee im Ennstal, ältestes Siedlungsgebiet im Ennstal.

Altenmarkt im Pongau, 843 m

Anbindung an die Tauernautobahn (2 km zum Knoten Ennstal), Bahnhof, Camping, Kinder- und Abenteuerspielplatz, Fitness-Parcours, Minigolf, Frei- und Hallenbad, Fischen, Reiten, Tennisplätze und -halle, Kneippanlage, Wandergebiet Zauchensee mit Doppelsessellift (Juli bis Anfang September), bekanntes Skigebiet, Heimatmuseum, schöne Pfarrkirche mit der Altenmarkter Madonna von 1393.

Annaberg im Lammertal, 778 m

Reizvoller Ferienort in der Wanderregion Dachstein-West, erreichbar über die Tauernautobahn, Ausfahrt Lammertal. Minigolf, Tennis, Abenteuerspielplatz, Rafting, Asphalt-Eisstockbahn, Waldbad in Lungötz, Bücherei, Heimatmuseum, Skilauf alpin und nordisch.

Die Silberkarklamm (Tour 13).

Alte Getreidemühle am Ramsaubach.

Eben im Pongau, 862 m
Anbindung an die Tauernautobahn, Bahnstation, Fitnessparcours, Minigolf, Asphaltbahn, Reitschule, Tennis.

Flachau, 927 m
Anbindung an die Tauernautobahn. »Reitdorf« (Reitschule), Pit-Pat-Anlage, Tennis, Badeseen, Kinderspielplätze, Asphaltbahnen, Schießstand, Kneippanlage, Grießenkarlift (Juni bis Mitte Oktober in Betrieb, tägl. Betrieb jedoch nur im Juli/August bei Schönwetter von 9 – 16.30 Uhr), Sommerrodelbahn.

Filzmoos, 1055 m
Erreichbar über die Tauernautobahn, Ausfahrt Eben. »Ballondorf« Österreichs am Dachstein. Tennis, Minigolf, Reiten, Hallenbad, Fitnessparcours, Schießstand, Skilauf alpin und nordisch.

Forstau, 923 m
Kleiner Ferienort am gleichnamigen Taleingang, Wintersport und Wandern.

Gröbming, 770 m
Erreichbar über die Tauernautobahn (Ausfahrt Knoten Ennstal) und die Ennstal-Bundesstraße über Radstadt und Schladming. Heilklimatischer Luftkurort am Dachstein. Freibad, Hallenbad, Paragleiten, Rafting, Tennis, Fischen, Golf, Kegeln, Kinderspielplatz, Reiten, Felsritzbilder der Notgasse, Skilauf alpin und nordisch, Stoderzinken-Hochalpenstraße. Kath. Pfarrkirche (Meisterwerk der Spätgotik, links schönster gotischer Flügelaltar der Steiermark).

Haus im Ennstal, 772 m
Älteste Siedlung des oberen Ennstales, erreichbar über die Tauernautobahn (Ausfahrt Knoten Ennstal) und die Ennstal-Bundesstraße über Radstadt und Schladming. Golf (18 Loch), Tennis, Schwimmbad, Hauser Kaibling-Seilbahn, Skilauf alpin und nordisch. Pfarrkirche und Katharinenkapelle, Herzmeierhof von 1074, Zehentspeicher am Schloßplatz, Dekanatsmuseum (zu bestimmten Tagen von Juli bis September geöffnet), Kirche in Oberhaus (Netzrippengewölbe, Drachenkanzel).

Kulm am Dachstein, 1083 m
Siehe Ramsau.

Mandling, 809 m
Im Ennstal an der Grenze Salzburg-Steiermark gelegen. Näheres siehe Pichl-Mandling.

Obertauern, 1739 m
Bekanntes Wintersportzentrum und Luftkurort auf dem Radstädter Tauernpaß (Hotelsiedlung), der schon in römischer Zeit als Nord-Süd-Verbindung bekannt war. Hallenschwimmbad, Tennishalle und -platz, Kneippanlage, Bergbahnen im Sommer gewöhnlich nicht in Betrieb.

Pichl-Mandling, 800 m
Streusiedlung im und über dem Ennstal mit den weiteren Orten Gleiming, Vorberg, Preunegg. Freischwimmbad, Freizeitsee mit Fontäne und Liegewiese, Hallenbad, Tennisplätze, Kinderspielplatz, Fußballplatz.

Pruggern, 681 m
Dorf im Ennstal. Tennis, Rafting; Ausgangspunkt für Bergwanderungen.

Radstadt, 858 m
Die über 700 Jahre alte Stadt im Gebirge mit interessantem Stadtkern und Stadtmauer ist 5 km von der Tauernautobahn (Knoten Ennstal) entfernt; Schnellzugstation. Stadtpfarrkirche (Glasfenster!), Heimatmuseum im Schloß Lerchen, geheiztes Freibad, Tennisplätze/-halle, Minigolf, Roßbrand-Straße.

Am Hohen Dachstein – links der Ankogel, rechts die Glocknergruppe (Tour 10).

Ramsau am Dachstein
Die »Sonnenterrasse Österreichs«, mit den Dörfern Ramsau/Ort, 1135 m, und Kulm, 1083 m. Zufahrt über Filzmoos, Schladming oder Haus. Frei- und Hallenbad, Fitnessparcours, Kneippanlage, Tennisplätze und -halle, Reitschule, Schießstand, Gleitschirm- und Drachenflugschule, Alpin- und Bergsteigerschule, Skirollerstrecke, Golfplatz, 1. österreichischer Natur- und Umweltlehrpfad für Kinder am Sattelberg, Alpinmuseum auf der Austriahütte (im Sommer täglich von 10 bis 16.30 Uhr geöffnet), Skilauf alpin und nordisch, Lodenwalkerei seit dem 15. Jahrhundert.

Schladming, 749 m
Bedeutendste Fremdenverkehrsstadt der Steiermark, erreichbar über die Tauernautobahn (Ausfahrt Knoten Ennstal, ca. 26 km), Schnellzugstation. Einstmalige Bergbaustadt, heute besonders durch den Wintersport bekannt, Bergbahnen auf Planai und Hochwurzen, ebenso Höhenstraßen dorthin; Heimatmuseum, Camping, Tennis, Bad, Jugendherberge.

Weißenbach, 721 m
Anreise wie Haus im Ennstal, Schwimmbad, Tennis, Kneippanlage.

Zauchensee, 1339 m
Hotelsiedlung am gleichnamigen See, erreichbar über Altenmarkt (s. dort).

Ausflugsziele östlich des Wandergebietes

Admont

Benediktinerstift mit größter Stifts- und Klosterbibliothek der Welt, kunst- und naturhistorische Sammlungen, täglich geöffnet von 10 bis 13 Uhr und von 14 bis 17 Uhr.

Trautenfels

Sehenswertes Landschaftsmuseum.

Ausflugsziele westlich des Wandergebietes

St. Johann im Pongau

»Pongauer Dom«, Liechtensteinklamm (zählt zu den größten Klammen der Ostalpen, Mai bis Oktober von 10 bis 16 Uhr geöffnet).

Werfen

Burg (Greifvogelschau), Eisriesenwelt (größte erschlossene Eishöhle der Erde, täglich Führungen von 9 bis 16.30 Uhr, warme Kleidung mitnehmen, Aufzug von der Wimmerhütte zum Oedlhaus, geöffnet Mai bis Oktober).

Hallein

Keltenmuseum (einmalige Sammlung in Europa mit Funden von 1200 – 800 v.Chr.), Salzbergwerk (geöffnet Mai mit September, Führungen über 1½ Std. zwischen 8 und 18 Uhr).

Salzburg

Landeshauptstadt und Festspielstadt (Festung, Dom und andere berühmte Kirchen, Mozarts Geburtshaus in der Getreidegasse, Mirabellgarten und Schloß, Schloß und Tiergarten Hellabrunn, diverse Museen, ...).

Großgmain bei Salzburg

Salzburger Freilichtmuseum, von Ostern bis Allerheiligen täglich außer Montag zwischen 9 und 18 Uhr geöffnet.

Großglockner-Hochalpenstraße

Geöffnet etwa ab 10. Mai bis zum Beginn des Bergwinters.

Ausflugsziele im Norden des Wandergebietes

Hallstädter See

Hallstatt (prähistor. Hallstattkultur, kath. Kirche mit berühmtem Flügelaltar, Beinhaus, Salzbergwerk, Dreifaltigkeitssäule, prächtige Lage am See. Obertraun (Dachstein-Eishöhlen mit Bergbahn erreichbar, tägl. von 9 – 16.30 Uhr, warme Kleidung mitnehmen!).

Salzkammergut

Siehe dazu den gleichnamigen Wanderführer von Franz Hauleitner im Bergverlag Rother.

Abbildung links: In der Liechtensteinklamm.

Abbildung folgende Doppelseite: Die Pehabhütte unter den Bischofsmützen.

1 Stuhlalm, 1467 m, und Theodor-Körner-Hütte, 1466 m

Lange Wandersaison auf aussichtsreichen Almböden.

Pommer – Stuhlalm – Mooseben – (Theodor-Körner-Hütte) – Pommer

Talort: Annaberg, 778 m.
Ausgangspunkt: Pommer, ca. 990 m. Anreise: ca. 1 km nördlich von Annaberg östlich (rechts) dem Ww. »Astauwinkel« und »Stuhlalm« folgen, nun noch gut 3 km bis zum Parkplatz am Waldrand vor dem Gehöft Pommer.
Gehzeiten: Pommer – Stuhlalm 1½ Std., Stuhlalm – Theodor-Körner-Hütte knapp 10 Min., Rückweg zum Pommer 1 Std.; Gesamtzeit 3 Std.
Höhenunterschied: Etwa 500 m.
Anforderungen: Forststraße und/oder Wanderweg.
Höchster Punkt: Mooseben, 1504 m.
Einkehrmöglichkeiten: Jausenstation Stuhlalm (TVN, 15 L., bew. von Juni mit Oktober, zuletzt noch an schönen Wochenenden), Theodor-Körner-Hütte (AV, ca. 60 L. + B., bew. von Mitte Juni bis Ende September).
Sehenswertes: Stuhllochumrahmung mit Bischofsmütze von Mooseben, die Firnkette der Hohen Tauern bis zum Großglockner, die Felsbastion des Tennengebirges, viele Schneerosen im Frühjahr.

Vom zeitigen Frühjahr, wenn auf den Wiesen und in den lichten Wäldern unter der Stuhlalm die naturgeschützten Schneerosen in großer Fülle als Vorboten der warmen Jahreszeit sich durch den Firnschnee ins Licht bohren, bis zu den letzten, sonnigen Spätherbsttagen lohnt sich eine Wanderung zur Stuhlalm und zur Theodor-Körner-Hütte sowie auf das lichtüberflutete und aussichtsreiche Plateau der Mooseben. In den ersten und letzten Wochen dieser langen Wandersaison sind die beiden Hütten natürlich nicht geöffnet. Lediglich Tourengeher tragen ihre Ski in die Steilrinnen des Gosaukammes hinauf (Frühjahr) und Kletterer turnen in den schneefreien Felsflanken herum.
Eine breite, neue Forststraße, die kurz hinter dem **Pommerbauer** links abzweigt, ist der bequemste Zugang zur Stuhlalm. Sie durchquert zuerst einen breiten Waldgürtel und zieht dann über Wiesen zu ihr hinauf. Daneben gibt

Rast auf Mooseben, vor Stuhlloch und Bischofsmützen.

es noch den alten Hüttenweg, der stellenweise etwas steinig ist und links (nordseitig!) am Pommerhof vorbeiführt, später die Forststraße quert und – fast wie mit dem Lineal gezogen – durch den Wald, dann über die Almweiden in südöstlicher Richtung der **Stuhlalm** zustrebt. Man sollte es nicht versäumen, von der Jausenstation noch gut 5 Min. entlang eines kleinen Grabens ostwärts über Wiesen auf die **Mooseben** zu wandern, um die prächtige Umrahmung des Stuhllochs mit der überragenden Bischofsmütze genießen zu können. In derselben Zeit erreicht man von der Stuhlalm auch die nahe **Theodor-Körner-Hütte** (zwischen Almhütten hindurch südwärts zu Weggabelung und rechts durch lichten Wald zur Bergsteigerunterkunft hinab).
Der **Rückweg** erfolgt auf der Anstiegsroute.

2 Losegg, 1647 m

Aussichtsplateau über zwei Almen

Mauerreith – Mahdalm – Losegg – Loseggalm – Mauerreith

Talort: Annaberg, 778 m.
Ausgangspunkt: Mauerreith, ca. 1130 m, kleiner Parkplatz am Beginn der Forststraße. Anreise: 600 m südlich der Lammerbrücke von Annaberg nach Mauerreith abzweigen, Ww. »Güterweg Bärweg«.
Gehzeiten: Mauerreith – Mahdalm 1¼ Std., Mahdalm – Losegg ½ Std., Losegg – Loseggalm ¾ Std., Loseggalm – Mauerreith ¾ Std.; Gesamtzeit 3¼ Std..
Höhenunterschied: Etwa 550 m.
Anforderungen: Wanderwege und Almstraßen.
Einkehrmöglichkeiten: Kleinmauerreith (Gasthaus), Mahdalm und Loseggalm jeweils von Ende Juni bis Ende September (einfache Speisen und Getränke).
Sehenswertes: Szenerie des Gosaukammes und der Bischofsmützen vom Losegg und von der Loseggalm.

Das Losegg – auch Mähderriedel genannt – ist ein unbedeutender, vom Mützenstock westwärts abstreichender Höhenzug mit beachtlichem Aussichtswert. Gosaukamm und Bischofsmützen, Tennengebirge und Tauern wenden dem Wanderer ihre Schauseite zu.
Zuerst von **Mauerreith** auf dem rechten Forststräßchen, dann auf dem alten Almweg (Ww. »Mahdalm, Hofpürglhütte«, 632, 340, 5) durch einen ausgedehnten Hochwaldgürtel bergwärts. Dabei quert man mehrfach eine Forststraße oder folgt dieser (etwas länger) über viele Schleifen zur **Unteren Mahdalm** (Brunnen) und zu einer **Straßengabelung**, wo der Rundweg über das Losegg beginnt. Geradeaus erreicht man bald die auf

Loseggalm mit Bischofsmütze.

sonniger Terrasse gelegene **Mahdalm**. An dieser geht es links weiter (Ww. »Hofpürglhütte«). Ein deutlicher Pfad führt über südseitige Bergweiden auf die langgezogene Höhe des **Losegg**. Ostseitig folgt man einem latschenbewachsenen Rücken, der leicht auf einen Sattel abfällt. Dort mündet von links der *Austriaweg* ein. Diesem folgt man einige Minuten nach links auf einen breiten Wiesenrücken hinaus und wandert entlang von diesem wieder links und pfadlos zu einem Latschenfeld (Jägerstand) hinab. Am einfachsten umgeht man dieses auf der rechten Seite und trifft dort auf einen breiten Almweg, der über einen Graben und an der strauchbewachsenen Nordflanke des Loseggs entlang der **Loseggalm** zustrebt.

Auf dem alten oder neuen Almsträßchen westwärts auf eine ausgeprägte Schulter und dahinter zu der oben genannten Straßengabelung zurück, wo sich die Runde über und um das Losegg schließt. Auf dem Anstiegsweg nach **Mauerreith** hinab.

3 Gerzkopf, 1728 m

Aussichtsplattform mit alter Kirchenglocke über weitem Waldgürtel.

Schattau – Schattbach – Knapp – Schwarze Lacken – Gerzkopf und zurück

Talorte: Eben im Pongau, 862 m, und Filzmoos, 1055 m.
Ausgangspunkt: Schattau, ca. 900 m. Anreise: Vom nördlichen Ortsende von Eben bzw. von der Autobahnunterführung ca. 4 km in Richtung Filzmoos bis zur Bushaltestelle in Schattau.
Parkmöglichkeit: Beschränkte Parkmöglichkeit an drei Plätzen: a) entlang des Zaunes neben (!) der Bushaltestelle in Schattau, b) 2 km talaufwärts beim Schattbachbauer (Privatgrund, knapp 1100 m) c) kleiner Parkplatz für ca. 10 PKW unmittelbar hinter dem Knappbauer (Schranken, Zufahrt bis hierher geduldet, Forststraße, ca. 1180 m).
Gehzeiten: Schattau – Kreuzung beim Schattbachbauer ¾ Std., Schattbachbauer – Knappbauer 10 Min., Knapp – Gerzkopf 2 Std., Gerzkopf – Schattau 2 Std.; Gesamtzeit je nach Ausgangspunkt 3½ bis 4½ Std.
Höhenunterschied: Je nach Ausgangspunkt 550 bis 850 m.
Anforderungen: Asphaltsträßchen, Forststraße, gut markierte Wanderwege.
Einkehrmöglichkeit: Plattenhütte (Schäferhütte), 1608 m, in zauberhafter Lage unweit des Weges zum Gerzkopf (bew. nur an Wochenenden und Feiertagen von Mitte Juni bis 24. September).
Sehenswertes: Das Panorama am Gerzkopf (Gosaukamm, Dachstein, Niedere Tauern mit Hochwildstelle, Hochgolling, Mosermandl, Faulkogel, Hohe Tauern mit Hochalmspitze, Ankogel, Großglockner; Tennengebirge), Schwarze Lacken (Spiegelungen).

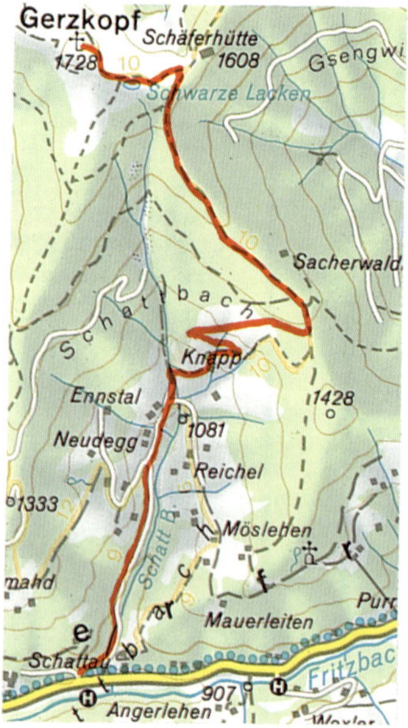

Der Gerzkopf ist ähnlich wie der Roßbrand ein waldummantelter, breitgelagerter Bergrücken mit einem großen Gipfelplateau, auf dem neben dem Kreuz mit Altartisch auch eine alte, kleine Kirchenglocke von Eben hängt. Während des Anstiegs bekommt man immer wieder einen kurzen Ausblick auf Bischofsmützen und Torstein, darf einige »Rosinen« kosten, von denen dem Wanderer am Gipfel eine Fülle geschenkt wird. Großartige Bilder bieten sich zudem am Biotop der Schwarzen Lacken (gutes Fotolicht ab Nachmittag).

Auf einem Asphaltsträßchen entlang des Schattbaches zum **Schattbachbauer**, wo sich das Tal zu weiten Wiesen öffnet. Am Bach entlang noch ein kleines Stück geradeaus weiter, dann rechts zum **Knappbauer** (Schranke) und auf der Forststraße noch in einigen Schleifen durch den Wald zu einer **Abzweigung**. Links durch den Hochwald auf ein Plateau und am bewaldeten Rücken nordwestwärts (Einmündung eines Weges von »Neuberg«) zur Waldgrenze. Eine latschenbewachsene Vorkuppe in einem weiten Bogen von Osten angehen (Abzweigung zur nahen Plattenhütte). Links auf den Boden mit den **Schwarzen Lacken**, dann durch eine kleine Senke auf die breitgelagerte, aussichtsreiche Kuppe des **Gerzkopfes**.
Der **Abstieg** vollzieht sich auf der Anstiegsroute, die von Schattau bis zum Gipfel mit Nr. 10 markiert ist.

Schwarze Lacken mit Torstein.

4 Roßbrand, 1770 m – Nordroute

Am Präsentierteller zwischen Dachstein und Tauern

Filzmoos – Dr.-März-Weg – Roßbrand – Karalm – Filzmoos

Talort: Filzmoos, 1055 m.
Ausgangspunkt: Im Ortsbereich von Filzmoos (Parkmöglichkeit).
Gehzeiten: Filzmoos – Dr.-März-Weg zum Roßbrand 2¾ Std., Roßbrand – Karalm ½ Std., Karalm – Filzmoos 1½ Std.; Gesamtzeit 5 Std.
Höhenunterschied: Gut 700 m.
Anforderungen: Forststraßen und Wanderwege.
Einkehrmöglichkeiten: Radstädter Hütte auf dem Roßbrand (privat, ca. 50 B. und L., bew. von Anfang Juni bis 26. Oktober), Roßbrandhütte (TVN, ca. 40 B. und L., Selbstversorgerhütte), zahlreiche Gasthäuser in Filzmoos.
Sehenswertes: Großartiges Panorama am Roßbrandgipfel: Dachstein mit Gosaukamm, Niedere und Hohe Tauern bis Großglockner, ferner Hochkönig, Tennengebirge, Ennstal. Karalm mit Filzmooser Kessel und Dachsteinumrahmung.
Variante: Verbindung der Touren 4 und 39 möglich, Rückreise mit Bus zum Ausgangsort (BB Linie 3250 Radstadt – Eben – Filzmoos).

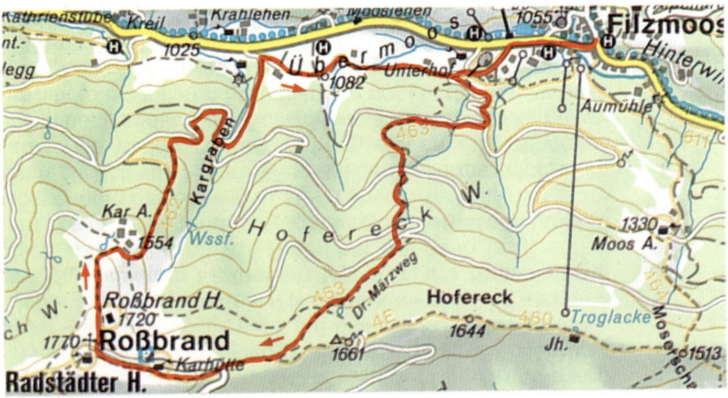

Der Roßbrand, ein weit ausladender, zumeist waldbedeckter Höhenzug im Westen des Tourengebietes, ist auf etwa zehn verschiedenen Routen aus allen Himmelsrichtungen zugänglich. Der Wanderer schätzt nicht nur den schattigen Anstieg wie auf der hier vorgeschlagenen Nordroute von Filzmoos, er ist noch mehr von dem wahrlich einmaligen Panorama begeistert, das er bei guter Sicht auf dem Gipfelplateau erleben darf – die Dachstein-Tauern-Region wird ihm wie auf einem Präsentierteller vor Augen gestellt.
Von **Filzmoos** auf der Straße nach Eben bis zur Abzweigung nach links zum **Gasthof »Weinpress«**, auf dem Sträßchen nordwärts zum Waldrand, wo bei einer Schranke die *Hofereckstraße* beginnt. Auf dieser bis zur nächsten

Blick vom Roßbrand zu den Bischofsmützen im Gosaukamm.

Gabelung, dort rechts und auf der Forststraße noch gut 10 Minuten weiter, bis links der *Dr.-März-Weg* abzweigt. Auf diesem schattigen Pfad in vielen Schleifen und mehrfach eine Forststraße querend durch den ausgedehnten Waldgürtel des Nordhanges auf den Rücken des Roßbrandes. Auf diesem westwärts zu der von Radstadt heraufführenden Straße und auf dieser oder – schöner – links davon über das **Gipfelplateau** mit dem großen Holzkreuz zur nahen **Radstädter Hütte**.
Von dieser über die Westschleife der Straße in wenigen Minuten zu dem nach Norden abzweigenden Wanderweg über die Karalm nach Filzmoos. Der Pfad folgt zuerst einem schütter bewaldeten Nordrücken, passiert bald die **Roßbrandhütte** und erreicht schließlich die auf einer Wiesenterrasse gelegene **Karalm**. Rechts davon zuerst über Bergweiden ostwärts, dann im Wald auf häufig ausgewaschenem Steig nordwärts zu einer Forststraße hinab und auf dieser in weiten Schleifen ins Tal. Unmittelbar am Waldrand führt ein breiter Wanderweg (2 km) nach rechts (ostwärts) durch mehrere Gatter nach **Filzmoos** zurück.

5 Vom Almsee zur Hofpürglhütte

Schauen – rasten – träumen (zwischen Bischofsmützen und Torstein)

Unterhofalm/Oberhofalm – Almsee – Linzer Weg – (Kesselwand) – Hofpürglhütte – Unterhofalm/Oberhofalm

Talort: Filzmoos, 1055 m.
Ausgangspunkt: Unterhofalm, 1295. Zufahrt von Filzmoos in Richtung »Hofalmen« (Mautstraße entlang der Warmen Mandling). Auch die nahegelegene Oberhofalm kommt als Ausgangspunkt in Frage.
Gehzeiten: Unterhofalm – Almsee 5 Min., Almsee – Linzer Weg 1¼ Std., Linzer Weg – Hofpürglhütte 1¼ Std., Hofpürglhütte – Unterhofalm ¾ Std.; Gesamtzeit 3½ Std.
Höhenunterschied: Etwa 500 m.
Anforderungen: Wanderwege, die nur auf kurzen Stellen etwas Trittsicherheit erfordern.
Höchste Punkte: Linzer Weg, 1736 m, und Kesselwand, 1776 m.
Einkehrmöglichkeiten: Unterhofalm und Oberhofalm (Gasthäuser), Hofpürglhütte (alpines Ausbildungszentrum des AV, bew. von Pfingsten bis Mitte Oktober, ca. 150 B. und L., Tel. 06453/304).
Sehenswertes: Almsee, großartige Szenerie auf der Rundtour (Torstein, Bischofsmützen, Tauern), Wallfahrtskirche zum »Filzmooser Kindl« in Filzmoos.

Die Wanderung von den Hofalmen über den Almsee und den Linzer Weg zur Hofpürglhütte begeistert nicht nur zur Alpenrosenblüte im Juli und zur Herbstfärbung der Lärchen im Oktober. Eine imposante Felskulisse vom mächtigen Torstein im Osten über die Flanken des Gosaustein bis zu den charakteristischen Bischofsmützen und das Mosermandl erwartet uns auf der einen und eine weite Schau auf die Niederen und Hohen Tauern auf der anderen Seite des Weges. Mit der Kesselwand kann sogar noch eine bescheidene Gipfelkuppe – zwar weglos und abseits der Route, aber ohne Schwierigkeit – bestiegen werden. Lange vorher aber lenkt die auf einem unter den Bischofsmützen weit nach Süden vorspringenden Aussichtsbalkon liegende Hofpürglhütte die Blicke des Wanderers auf sich und bietet eine willkommene Einkehrmöglichkeit. Eine Tour zum Schauen, Rasten und Träumen.

Neben dem Gasthaus **Unterhofalm** führt ein Sandsträßchen in wenigen Minuten zum grünen **Almsee**, in dem sich der Torstein spiegelt. Ca. 20 m vor dem Steg über den Zulauf des Sees geht man links durch ein Drehkreuz, durchquert hinter einer Wiese ein Waldstück, folgt anschließend wenige Minuten einer Almstraße bergwärts, bis ein Ww. »*Linzer Weg*« nach links weist. Über eine kleine Wiese steigt man im Linksbogen zum Wald und stets am Rande der Warmen Mandling zu einem zauberhaften Boden und durch lichte Lärchenbestände zu einer weiteren großen Geländeverflachung an. Hier biegt man scharf links auf den *Linzer Weg* ab und folgt diesem in mehrfachem, aber unbedeutendem Auf und Ab über ein Schuttkar, einen Sporn, eine kurze *Drahtseilstelle*, zwei kleine Gräben, eine größere Terrasse – hier kann man in wenigen Minuten auf einer Grasrippe weglos und unschwierig links auf die **Kesselwand** steigen – und eine Rampe zur unübersehbaren **Hofpürglhütte**. Der Abstieg führt auf dem Zugangsweg ein kleines Stück zurück, dann halbrechts über eine Wiesenmulde, anschließend durch einen Latschengürtel und durch Wald auf dem *Lackner Weg* zu den Weiden der Hofalmen hinab. Jenseits eines Grabens erreicht man den Parkplatz an der **Unterhofalm** und in 1 Min. jenseits der Warmen Mandling die **Oberhofalm.**

Almsee mit Torstein.

6 Rötelstein, 2247 m

Königsloge für den Kleinen Mann

Jausenstation Rettenstein – Ahorneggalm – Rötelstein und zurück

Talort: Filzmoos, 1057 m.
Ausgangspunkt: Jausenstation Rettenstein, ca. 1310 m. Anreise: Von der großen Kreuzung in Filzmoos 300 m in Richtung Hofalm/ Rettensteinlift, gleich hinter der Brücke rechts (Ww. »Gasthof Reit/Rettenstein«) und 2,9 km zu der in den Sommermonaten unbewirtschafteten (!) Jausenstation Rettenstein. Dabei fährt man unmittelbar am Reithof vorbei! Parkmöglichkeit im Bereich des Lifts und an der Hütte.
Gehzeiten: Jausenstation – Ahorneggalm 1 Std., Ahorneggalm – Rötelstein 2 Std., Rückweg 2 Std., über Sulzenhals und Wallehenhütte ca. 2¾ Std.; Gesamtzeit 5 Std. bzw. 5¾ Std.
Höhenunterschied: Etwa 950 m.
Anforderungen: Wege und Steige, Trittsicherheit ist unerläßlich! Anstieg über den Westgrat stellenweise I, Abstieg über den Sulzenhals steil und brüchig, unangenehm.
Einkehrmöglichkeiten: Wallehenhütte (Diese wird nur beim Abstieg über den Sulzenhals erreicht, ansonsten keine Einkehrmöglichkeit auf der Tour.), Reithof am Anfahrtsweg.
Sehenswertes: Hervorragende Aussicht beim Anstieg über den Westgrat und besonders am Gipfel auf Bischofsmützen, Dachstein-Südwand, Niedere und Hohe Tauern (Hochalmspitze, Ankogel, Großglockner, Großvenediger), Hochkönig, Steinernes Meer, Watzmann, Tennengebirge. Mächtige Lärchen unterhalb der Wallehenalm.

Die Farbe des brüchigen, rötlichen Gesteins hat dem Berg seinen Namen verliehen. Wer Probleme im steilen, brüchigen Gelände hat, sollte vom Rötelstein Abstand nehmen bzw. am Aufstiegsweg wieder zurückkehren, wo er sich beim Anstieg »testen« konnte. Ungeachtet dieses Makels zählt der Rötelstein

Die Dachstein-Südwand vom Rötelstein.

zu den großartigsten Aussichtskanzeln im Bereich dieses Führers. An einem klaren Herbsttag ein unvergeßliches Erlebnis!

Von der Jausenstation auf *Weg Nr. 670* ein kurzes Stück am Lift entlang über Wiesen, dann unter dem Lift hindurch und schräg links über eine Hangmulde auf den **Lutzer Riedel**, 1643 m, rechts den Zaun entlang und an den Westgrat des Rötelstein heran. Zunächst rechts des Grates, ab der ersten Schulter meist auf der Schneide, stellenweise auch links davon zum Vorgipfel und weiter zum Kreuz am **Hauptgipfel**.

Abstieg: Entweder wie beim Anstieg oder über den Sulzenhals: Auf *Weg 239* über den zunächst breiten Grasrücken ostwärts, dann steil und z. T. sehr brüchig und unangenehm zum **Sulzenhals-Sattel** hinab. Auf *Weg 638* links durch eine Wald- und Wiesenmulde zur **Wallehenhütte** (Sulzenalm), auf dem Sträßchen noch bis zur nächsten Hütte hinab, dort links abbiegen (Ww. »Filzmoos«), über eine keilförmige Wiese, später an mächtigen Lärchen (ca. 500 Jahre alt, bis 6 m Umfang) vorbei und zuletzt auf einer Forststraße (Nr. 670) zum Parkplatz bei der **Jausenstation Rettenstein**.

7 Am Fuß der Dachstein-Südwand

Wanderwege unter himmelhohen Felsmauern

Scharlalm – (Windlegerkar – Tor – Torboden) – Dachstein-Südwandhütte – Neustattalm – Scharlalm (Bachlalm)

Talorte: Filzmoos, 1057 m, und Ramsau, 1136 m.
Ausgangspunkt: Parkplatz vor der Scharlalm, 1444 m, unterhalb der Bachlalm, 1496 m. Zufahrt von der großen Nordschleife zwischen den Orten Filzmoos und Ramsau (Ww. »Bachlalm 3 km«).
Gehzeiten: Scharlalm – Dachstein-Südwandhütte 2¼ Std., Dachstein-Südwandhütte – Neustattalm ¾ Std., Neustattalm – Scharlalm 1 Std.; Gesamtzeit 4 Std., (übers Tor 5½ bis 6 Std.).
Höhenunterschied: 500 m, übers Tor 800 m.
Anforderungen: Wanderwege, kurz auch Almsträßchen; Abstieg vom Tor brüchig.
Höchste Punkte: Tor, 2033 m, bzw. Dachstein-Südwandhütte, 1871 m.
Einkehrmöglichkeiten: Bachlalm (10 Min. abseits der Route), Dachstein-Südwandhütte (bew. Ende Mai bis Ende Oktober), beide Privathütten mit Übernachtungsmöglichkeit.
Sehenswertes: Dachstein-Südwand (Torstein, Mitterspitz, Hoher Dachstein), das »Tor« und seine Umrahmung, schönste Aussichtspunkte: Südwandhütte und Neustattalm (Blick auf Dachsteinkulisse und die Tauernkette).
Variante: Von trittsicheren und ausdauernden Bergwanderern wird die hier vorgestellte Rundtour gerne um die große Schleife ins **Windlegerkar** (Weg 614) und den *Pernerweg* über das Tor (Weg 617) mit einem zusätzlichen Zeitaufwand von ca. 2 Std. und 300 Höhenmetern erweitert.

Abstieg vom Raucheck zum Tor. Im Hintergrund die Bischofsmützen.

Die Dachstein-Südwand bildet nicht nur eine der berühmtesten und imposantesten Wandfluchten der gesamten nördlichen Kalkalpen. Das Dreigestirn von Torstein, Mitterspitze und Dachstein verleiht ihr einen so großartigen Anblick, daß sie zu den Schaustücken der Alpen gezählt werden darf. Unsere Wanderung zieht sich am Fuß dieser Zyklopenmauer hin. Sie erreicht zwar keinen Gipfel, mit der Dachstein-Südwandhütte aber einen prächtigen Aussichtsplatz und mit der Neustattalm einen Ort mit Dolomitencharakter.

Vom Weideboden der **Scharlalm** zweigt rechts ein Wanderweg ab (Ww. »Glösalm«), er führt durch eine südseitige Wald- und Krummholzzone ostwärts, überschreitet einige Gräben, ehe er auf einem licht bewaldeten und von Schuttströmen durchflossenen Boden zwei Stege überschreitet und dahinter auf eine **Weggabelung** trifft, an der nun eine Rundtour beginnt. Links über einen von Lärchen und Almrosen besetzten Hang auf den Boden des **Auretskars** und in angenehmen Serpentinen zur **Dachstein-Südwandhütte**. Etwa 5 Minuten auf dem zur Austriahütte führenden Weg ostwärts zu einer Wegverzweigung, dann rechts eines riesigen Schuttstromes ganz in den großen Karkessel hinab. Am Beginn des Gegenhanges jenseits des Klausgrabens höhengleich rechts zur **Neustattalm** (s. Foto S. 2). Auf einem Sandsträßchen durch die Almsiedlung zum Graben zurück und um einen bewaldeten Rücken herum zu dem großen Boden mit den zwei Stegen und der o. g. Weggabelung. Auf dem »Wurzelweg« der Anstiegsroute zum **Parkplatz** zurück.

8 Dachstein-Südwandhütte, 1871 m – Austriahütte, 1638 m

Zwei reizvolle kleine Wanderungen von der Dachsteinstraße

Parkplatz/Dachsteinstraße – Dachstein-Südwandhütte und zurück
Parkplatz/Dachsteinstraße – Austriahütte und zurück

Talort: Ramsau am Dachstein, 1135 m.
Ausgangspunkt: Parkplatz der Dachsteinstraße (Mautstraße), 1680 m. Zufahrt über Ramsau bzw. Filzmoos.
Gehzeiten: Parkplatz – Dachstein-Südwandhütte ¾ Std., Rückweg ½ Std.; Gesamtzeit 1¼ Std.
Parkplatz – Austriahütte knapp ½ Std., Rückweg ½ Std.; Gesamtzeit 1 Std.
Höhenunterschied: Dachstein-Südwandhütte 200 m, Austriahütte etwa 100 m.
Anforderungen: Bequeme Wanderwege mit geringer Steigung.
Einkehrmöglichkeiten: Im Parkplatzbereich: Hotel Türlwand, Gasthöfe Hunerkogel und Dachstein. Dachstein-Südwandhütte (privat, bew. Ende Mai bis Ende Oktober, ca. 60 L. und 12 B.), Austriahütte (AV-Hütte, bew. Weihnachten/Neujahr, Ende Mai bis Ende Oktober, über 50 L. und B., Tel. 03687/81522).
Sehenswertes: Imposante Dachstein-Südwandkulisse, Fernblick auf die Niederen und Hohen Tauern, Alpinmuseum in der Austriahütte (geöffnet während der Bewirtschaftungszeit der Hütte täglich von 10 bis 16.30 Uhr, mit sehr interessanter Ausstellung und Führung).

Groß ist die Zahl der Besucher auf der Dachsteinstraße, und die Parkplätze reichen an schönen Tagen oft kaum aus, deshalb verkehrt auch ein Bus von Ramsau zum hochgelegenen Parkplatz am Fuß der Kalkmauern des Dachsteingebirges. Auf bequemen Wanderwegen ohne großen Höhenunterschied kann hier auch der Wanderer den Hauch gewaltiger Kletterwände spüren und riesige, öde Kare neben grünen Almmatten und lichten Lärchenwäldern durchstreifen. Die Austriahütte auf der einen und die Dachstein-Südwandhütte auf der anderen Seite des Parkplatzes sind leicht erreichbare Wanderziele.

Austriahütte mit Bischofsmütze (links über der Hütte) und Torstein (rechts).

Vom Parkplatz der Dachsteinstraße zur Dachstein-Südwandhütte: Rechts neben der Talstation der Dachsteinseilbahn führt der breite, gelb-weiß markierte *Weg Nr. 615* zur **Dachstein-Südwandhütte**. Er steigt zuerst im lichten Lärchenwald an (Alpenrosen im Juli), läuft am Fuß mächtiger Felswände entlang, quert auf bequemer Trasse ein riesiges Schuttkar, in das sich ein Wasserfall stürzt und wo sich bis weit in den Sommer Lawinenreste halten. Zuletzt steigt er noch ein wenig zu der weithin sichtbaren, auf aussichtsreichem Sporn gelegenen Südwandhütte an. Der bequemste Rückweg erfolgt auf der Anstiegsroute.

Vom Parkplatz zur Austriahütte: Am **Hotel Türlwand** vorbei führt der *Wanderweg Nr. 615* zur Austriahütte zuerst um einen Weiderücken mit lichtem Lärchenbestand in eine weite Mulde hinab, quert einen Wasserlauf und führt dahinter im Rechtsbogen am Hang entlang zur **Austriahütte** hinaus. Problemlos könnte man noch zum **Brandriedel** (siehe Tour 9) einen Abstecher machen. Der Rückweg erfolgt auf der Zugangsroute oder auf dem etwas tiefer verlaufenden Sträßchen.

9 Über den Brandriedel, 1725 m

Latschenbewachsene Aussichtskuppe mit Dachstein-Blick

Gasthaus Edelbrunn – Brandriedel – Austriahütte – Brandalm – Dachsteinhaus – Gasthaus Edelbrunn

Talort: Ramsau-Ort am Dachstein, 1135 m.
Ausgangspunkt: Gasthaus Edelbrunn, 1330 m.
Parkmöglichkeit: In der Umgebung des Gasthauses Edelbrunn beschränkte Parkmöglichkeit. Ausweichmöglichkeit: gut 1 km vorher beim Heimatmuseum am Grahhof.
Gehzeiten: Edelbrunn – Brandriedel 1½ Std., Brandriedel – Austriahütte 10 Min., Austriahütte – Brandalm – Dachsteinhaus – Edelbrunn ¾ Std.; Gesamtzeit 2½ Std.
Höhenunterschied: 400 m.
Anforderungen: Zumeist breite Wanderwege und Forststraßen, auf der Anstiegsroute zum Brandriedel z. T. steiler, schmaler Waldweg.
Einkehrmöglichkeiten: Gasthaus Edelbrunn, Austriahütte, Brandalm, Dachsteinhaus.
Sehenswertes: Sicht vom Brandriedel auf die Dachsteinkette, die Schladminger Tauern und die Ramsau, Alpinmuseum in der Austriahütte (geöffnet von 10.00 bis 16.30 Uhr), Heimatmuseum im Grahhof, dem ältesten Bauernhaus der Ramsau.
Varianten: Leichter als auf der hier beschriebenen Anstiegsroute läßt sich der Brandriedel auf dem für den Abstieg beschriebenen Weg über Dachsteinhaus und Austriahütte erreichen, und noch einfacher ist der Zugang von der Dachsteinstraße (Türlwandhütte) über die Austriahütte (Tour 8).

Der Brandriedel ist ein der Dachsteinkette südlich vorgelagerter und mit ihr durch einen Kamm verbundener, latschenbewachsener Aussichtspunkt, von dem schon der bekannte Heimatdichter Peter Rosegger schwärmte. Sogar in den Winterwochen führt bei stabiler Wetterlage immer wieder eine Trampelspur von der Austriahütte herauf.

Entweder vom **Gasthaus Edelbrunn** rechts (ostwärts) in den Wald oder von dem Hütterl kurz vor Edelbrunn auf breitem Waldweg (Nr. 671) nordwärts, an Lawinenhöckern vorbei zu einer Lichtung und Rastbank, wo sich der Weg verzweigt: rechts »Jungfrauensteig« (Nur für Geübte!), links Brandriedel. Über mehr als 100 Hm begleitet nun der linke Waldweg einen Graben zuerst am

östlichen, dann am westlichen Ufer, ehe er bei einer Bank links schwenkt und zumeist steil auf einen Sattel ansteigt. Von hier benötigt man keine zehn Minuten mehr nach links auf den **Brandriedel**.
Zum Sattel zurück, dann links über Wiesen mit schütterem Lärchenbestand zur bereits sichtbaren **Austriahütte**. Links (südwärts) auf einem Steig (Nr. 615) über einen Wiesenhang oder auf bequemem Sträßchen zur **Brandalm** hinab, um den Brandriedel herum zum **Dachsteinhaus** und weiter nach **Edelbrunn**.

Am Brandriedel – Blick auf Edelgrieß und Koppenkarstein (Mitte).

10 Dachsteinwarte, 2739 m – Hoher Dachstein, 2995 m

Vielbegangene Gletscherwanderung zur Seethalerhütte

Hunerkogelbahn – Seethalerhütte – (Hoher Dachstein) und zurück

Talort: Ramsau am Dachstein, 1135 m.
Ausgangspunkt: Bergstation der Hunerkogelbahn, 2694 m. Parkmöglichkeit an der Talstation, 1680 m. Zufahrt über Ramsau bzw. Filzmoos auf der mautpflichtigen Dachsteinstraße oder mit Bus.
Gehzeiten: Bergstation – Seethalerhütte ¾ Std., Rückweg ¾ Std.; Gesamtzeit 1½ Std. Eine Besteigung des Hohen Dachstein erfordert zusätzlich 2 Std. hin und zurück.

Höhenunterschied: Dachsteinwarte 200 m, Dachstein 400 m.
Anforderungen: Leichte Gletscherwanderung auf vorgegebener Trasse zur Seethalerhütte, nur bei guter Witterung und ausreichender Akklimatisation an die Höhe, da die Bahn in 5 Min. 1000 Hm überwindet! Gutes Schuhwerk (weicher Firnschnee an heißen Tagen), Sonnen- und Windschutz! Eine Besteigung des Hohen Dachstein erfordert unbedingt Erfahrung auf ausgesetzten, schwierigen Klettersteigen (Schwindelfreiheit, Trittsicherheit, Ausrüstung und Sicherungstechnik). Wer darüber nicht in ausreichendem Maße verfügt, sollte sich eines Bergführers bedienen (Bergführerbüro in Ramsau/Ort, Tel. 03687/81424, oder telefonische Anmeldung am Vortag auf der Seethalerhütte, Tel. 03687/81509). S. »schwarz«!
Einkehrmöglichkeiten: Im Parkplatzbereich: Hotel Türlwand, Gasthöfe Hunerkogel und Dachstein. Im Gletscherbereich: Restaurant an der Bergstation, Seethalerhütte (keine Übernachtungsmöglichkeit, bew. Anfang Juni bis Ende September).
Sehenswertes: Einblick in die Dachstein-Südwand von der Dachsteinwarte, Fernblick auf die Niederen und Hohen Tauern (Hochalmspitze, Ankogel, Glockner, Gr. Wiesbachhorn, Venediger). Gewaltige Rundschau vom Hohen Dachstein.

An schönen Sommertagen reißt der Wandererstrom auf der präparierten Trasse über den Schladminger Gletscher (Sommerskigebiet) von der Hunerkogelbahn bis zur Seethalerhütte auf der Dachsteinwarte nicht ab. Eine Besteigung des Hohen Dachstein, mit knapp 3000 m Höhe der mit Abstand höchste Gipfel des Wandergebietes, entspricht in punkto Schwierigkeit,

Dachsteinwarte, Seethalerhütte und Hoher Dachstein.

Schönheit und der Weite des Horizonts an klaren Tagen ganz seiner Größe (siehe Foto S. 19). Verständlich, daß er für manchen am Ende eines Bergurlaubs zum Nonplusultra seiner Wünsche wird. Siehe dazu »Anforderungen«!
Von der Hunerkogelbahn schräg links auf breiter, markierter Trasse nordseitig zum Fuß des **Dirndl** mit dem gewaltigen **Kolk** absteigen, dann in weit ausholendem Linksbogen zur unscheinbaren, von einer Fahne gekrönten Felsenkuppe der **Dachsteinwarte**, an deren Fuß die bewirtschaftete **Seethalerhütte** liegt. Auf gleichem Weg kehrt man wieder zur **Bergstation** zurück.
Überschreitung des Dachstein (Ostgrat-Schulter – Randkluftweg): Wo die breite Trasse links zur Seethalerhütte schwenkt, geradeaus zum Sockel des Ostgrates hinauf, an *Eisenstiften* und *Seil* über ein Wandl, links und rechts sowie direkt auf der Gratschneide steil auf die Schulter, höhengleich zu einem Felsband, auf diesem rechts in die Nordwand, wo man bei der Gipfelrinne auf den Randkluftweg trifft. Am rechten Rand der Rinne *sehr steil* zum Gipfel. Beim Abstieg turnt man bis zum Felsband hinab, quert auf diesem noch ein kleines Stück nach links und klettert durch einen *Kamin* zur *Randkluft* und zum Gletscher hinab. Abstiegsvariante bei großer Öffnung der Randkluft (vorher erkundigen!): Dachstein-Westgrat, Steinerscharte.

11 Guttenberghaus, 2146 m

Zur höchstgelegenen Hütte der Steiermark

Feisterer – Lärchbodenalm – Guttenberghaus und zurück

Talorte: Kulm, 1083 m, und Ramsau am Dachstein, 1135 m.
Ausgangspunkt: Gasthof Feisterer, 1150 m, beschränkte Parkmöglichkeit (Privatgrund)! Evtl. in Kulm parken.
Gehzeiten: Feisterer – Lärchbodenalm ¾ Std., Lärchbodenalm – Guttenberghaus 2¼ Std., Guttenberghaus – Feisterer 1¾ Std.; Gesamtzeit 4½ bis 5 Std.
Höhenunterschied: 1000 m.
Anforderungen: Gut markierte Wanderwege mit angenehmer Steigung in südseitiger Lage, die frühen Aufbruch erfordert.
Einkehrmöglichkeiten: Guttenberghaus (AV-Hütte, bew. von Juni mit September, über 80 L. u. B., Tel. 03687/22753), Lärchbodenalm, Gasthof-Pension Feisterer.
Sehenswertes: Ausblick vom Guttenberghaus auf Niedere und Hohe Tauern, die Felsflanken von Sinabell und Eselstein. Unmittelbar hinter dem Gasthof Feisterer steht der älteste Gebirgsahorn der Ramsau, 450–550 Jahre alt, tägl. Wasserverbrauch 300 – 400 l, bis 10 m tiefe Wurzeln.

Aus der Gegend von Kulm lockt den Wanderer ein über dem Feisterkar auf hoher Warte gelegener Bau mit leuchtend weißem Sockel, das Guttenberghaus. Zahlreiche Tagesgäste zieht es von der Ramsau oder aus dem Ennstal um Schladming dort hinauf. Gleichzeitig ist das Guttenberghaus, die höchstgelegene Hütte der Steiermark, auch als Ausgangspunkt für Wanderungen über die Karsthochfläche im östlichen Dachsteinstock bestens geeignet. Der rein südseitige Anstieg durch das dreigeteilte Feisterkar – unten Wald, in der Mitte Latschen und oben ausgedehnte Grashänge – sollte unbedingt früh am Tag durchgeführt werden, dann spendet die ostseitige Karbegrenzung noch wohltuenden Schatten, und der Anstieg ist ein Genuß. Wenn sich aber die Mittags- und Nachmittagshitze in den Latschenfeldern und Karmulden staut, wird der serpentinenreiche Anstieg zu einem schweißtreibenden »Saunagang«, bei dem einem selbst das Schönste nicht mehr gefällt.

Auf breitem Wanderweg (Nr. 616) vom **Feisterer** zuerst am West-, dann am Ostufer des Feistererbaches durch den Wald, in einigem Abstand an der **Lärchbodenalm** (Jausenstation) vorbei, über einen Latschenhang zum Materialaufzug und an der *»Fischermauer«* entlang in den Kessel des **Tiefkares**. In zahllosen, bequemen Serpentinen über die Grashänge des Feisterkars zuerst unterm Sinabell, dann in der Nähe des Materiallifts auf die zwischen Eselstein und Sinabell eingelagerte Terrasse mit dem **Guttenberghaus.**
Für den **Abstieg** wählt man die Anstiegsroute, sofern man sich nicht für den Tourenvorschlag 13 mit der kurzen Variante auf Weg Nr. 618 entscheidet.

Guttenberghaus und Eselstein.

12 Scheichenspitze, 2664 m

Wanderweg oder Klettersteig?

Guttenberghaus – Gruberscharte – Scheichenspitze und zurück

Talort: Kulm, 1083 m.
Ausgangspunkt: Guttenberghaus, 2146 m. Zugang wie Tour 11, Nächtigung auf der Hütte. Beschränkte Parkmöglichkeit beim Gasthof Feisterer oder in Kulm (siehe Tour 11).
Gehzeiten: Guttenberghaus – Gruberscharte ¾ Std., Gruberscharte – Scheichenspitze 1½ Std., Scheichenspitze – Guttenberghaus 1½ Std., Gesamtzeit 4 Std.
Höhenunterschied: 600 m.
Anforderungen: Am Normalweg ist Trittsicherheit erforderlich. Schwieriger ist der versicherte Steig über die Hohe Rams (Schwindelfreiheit erforderlich).
Einkehrmöglichkeit: Guttenberghaus (AV-Hütte, bew. von Juni mit September, Tel. 03687/22753) am Ausgangspunkt.
Sehenswertes: Umfassende Aussicht von der Scheichenspitze: Dachstein bis Gesäuse, Tauern, Hochkönig.

Die Scheichenspitze, der höchste Gipfel im östlichen Dachsteingebirge, besitzt zwar nicht das attraktive Aussehen der höheren Nachbarn um den Hohen Dachstein, doch der Gipfelblick nach Osten ist ausgesprochen fotogen, und der von der Edelgrießhöhe über den Schmiedstock zu ihr führende *Ramsauer Klettersteig* – bequemster Zugang über die Bergstation der Dachsteinbahn – bringt ihr einigen Zulauf. Für den Wanderer ist sie über die Nordwestflanke erreichbar. Wer sich etwas mehr zutraut als eine Wanderung, kann zur Scheichenspitze auf dem teilweise versicherten Steig von der Gruberscharte über die Hohe Rams ansteigen. Ob man als Wanderer diese Route wagen kann, läßt sich leicht testen, da das Drahtseil am felsigen Nordostgrat der Hohen Rams fast bis zur Gruberscharte hinabreicht; sie ist im Bild rechts gut einzusehen.

Vom **Guttenberghaus** auf *Weg Nr. 618* westwärts, unter der Südflanke des Eselstein entlang, über Schrofengelände zur **Gruberscharte** hinauf. Der einfachere Weg steigt dahinter in den Boden des **Landfriedtales** ab und durchquert dieses westwärts zu einem Sattel (P. 2402), hier zweigt er links ab (Weg 673) und gewinnt die **Scheichenspitze** zuerst über eine brüchige Hangmulde und zuletzt über den Westgrat, wo auch der Klettersteig einmün-

Blick von der Scheichenspitze gegen Grimming (hinten), Eselstein (Mitte) und Hohe Rams.

det. Die schwierigere Route über die Hohe Rams bietet links von der Gruberscharte zuerst einen festen Felsgrat *(Drahtseil)*, dann einen Schutthang zum Steinmann auf der **Hohen Rams**, wendet sich leicht fallend nach rechts in einen Sattel und steigt schließlich etwa 150 Höhenmeter über den gut gestuften und teilweise *versicherten* Ostgrat zum großen Gipfelkreuz auf der **Scheichenspitze** an.
Der **Abstieg** zum Guttenberghaus folgt der einfacheren Wegführung durch das Landfriedtal und über die Gruberscharte, die in der Bildmitte gut zu erkennen ist.

13 Sinabell, 2341 m – Silberkarsee – Silberkarklamm

Wanderung voller Kontraste

Guttenberghaus – Feisterscharte – (Sinabell – Feisterscharte) – Silberkarsee – Silberkarhütte – Silberkarklamm – Kulm (Feisterer)

Talort: Kulm, 1083 m.
Ausgangspunkt: Guttenberghaus, 2146 m. Parkmöglichkeit beim Gasthof Feisterer bzw. in Kulm (siehe Tour 11).
Gehzeiten: Guttenberghaus – Feisterscharte ¼ Std., Feisterscharte – Sinabell und zurück ¾ Std., Feisterscharte – Silberkarsee 1 Std., Silberkarsee – Silberkarhütte 1½ Std., Silberkarhütte – Silberkarklamm – Feisterer 1¾ Std.; Gesamtzeit ca. 5½ Std.
Höhenunterschied: 400 m im Anstieg.
Anforderungen: Gut markierte Wege, die nur stellenweise etwas Trittsicherheit, vor allem aber ausreichende Sichtverhältnisse erfordern; zuletzt Straße.
Einkehrmöglichkeiten: Guttenberghaus (AV-Hütte, bew. Juni mit September, über 80 L. + B., Tel. 03687/22753), Silberkarhütte (Pfingsten bis Ende Oktober), Jausenstation Fliegenpilz, Gasthof Feisterer.
Sehenswertes: Sinabell als lohnender Aussichtspunkt, Silberkarsee, Kessel um die Silberkarhütte, Silberkarklamm.
Variante: Die Silberkarklamm kann man am bequemsten in einer ¼ Std. vom Parkplatz an ihrem Nordeingang durchwandern, den man vom Lodenwalker (zwischen Kulm/Ramsau – Weißenbach gelegen) erreicht.

Die Tour vom Guttenberghaus zum Sinabell und über den Silberkarsee (auch Seetal- oder Hölltalsee genannt) zur Silberkarklamm setzt für den weniger Trainierten eine Übernachtung auf der Hütte voraus und ist reich an landschaftlichen Höhepunkten. Vom Plateau des Sinabell gewinnt man einen hervorragenden Überblick über die ausgedehnte Karsthochfläche »Am Stein«, das Tote Gebirge, die Ennstaler Alpen, Niederen und Hohen Tauern bis zur Glocknergruppe. Man wandert ein kleines Stück überaus windungsreich und wellig in das feingliedrige Karstgebiet hinein, ehe man zu dem in einem cañonartigen Tal gelegenen Silberkarsee absteigt. Der tiefe Kessel mit der Silberkarhütte und die Silberkarklamm, durch Holztreppen und Stege gangbar gemacht, zählen ebenso zu den Glanzpunkten der Wanderung wie der die Klamm durchfließende Bach, welcher unmittelbar davor einem trockenen Schuttstrom entspringt, oder der Schleierwasserfall gleich daneben. Wer hier mit offenen Augen unterwegs ist, kommt aus dem Staunen nicht heraus.
Hinter der **Hütte** auf der rechten Seite durch einen Graben und über Felsbänder auf die **Feisterscharte**. Über einen unschwierigen Schrofenrücken (Steigspuren) rechts zum **Sinabell** und wieder zurück zur **Feisterscharte**.
Auf *Weg Nr. 619* nordwärts, ungemein windungsreich im Auf und (überwiegend) Ab der sehr guten Markierung folgend, in die unübersichtliche Karsthochfläche zu einer Weggabelung. Hier rechts (Weg Nr. 619, »Seetal, Grubach, Silberkarhütte«) über eine Geländeschwelle und bald durch ein

Felsentor mit zauberhaftem Tiefblick zum grünen Silberkarsee. Entlang des Grabens, durch ein von einem Bergsturz herrührendes Felslabyrinth und durch den begrünten Talboden zum **Silberkarsee.**

Vom rechten Seende über eine gut 100 m hohe Flanke zum **Grubach** hinauf (Wegkreuzung, hierher kürzer von der Feisterscharte auf *Weg Nr. 618*), südwärts über Wiesen-, vor allem aber steile Latschenhänge zur **Silberkarhütte** im gleichnamigen Karkessel und durch dessen flachen Boden südwärts zur **Klamm** (siehe Foto Seite 16). Dahinter (Kasse) rechts, auf *Weg Nr. 7* (»Kulm, Ramsau«) über die **Jausenstation Fliegenpilz** nach **Percht**. Ein kleines Stück der Straße entlang, dann auf *Weg Nr. 1* entweder rechts derselben zum **Feisterer** hinauf oder links über die Straße und die anschließenden Wiesen zum Ramsaubach und nach **Kulm**.

14 Ramsauer Rundwanderung

Akklimatisation und Beschaulichkeit auf der »Sonnenterrasse Österreichs« unter dem Dachstein

Kulm – Philosophenweg – Tannenweg – Pucherer – Mautstelle – Panoramaweg – Walcher – Heimatmuseum (Grahhof) – Knoll – Feisterer – Steinacker – Hofrat-Gruber-Weg – Kulm

Talorte: Kulm, 1083 m, und Ramsau-Ort, 1135 m.
Ausgangspunkt: Kulm oder Ramsau. Parkmöglichkeit im Ortsbereich und an mehreren anderen Stellen entlang des Rundweges.
Gehzeit: 4 Std. für die ganze Runde, 5 Std. mit Sattelberg.
Höhenunterschied: Etwa 200 m, mit Sattelberg 350 m.
Anforderungen: Bequeme Wanderwege und Sträßchen ohne nennenswerte Steigung.
Höchste Punkte: 1200 m am Panoramaweg, 1253 m am Sattelberg.
Einkehrmöglichkeiten: Zahlreiche Einkehrmöglichkeiten entlang des Weges.
Sehenswertes: Die Südseite des Dachsteingebirges von der Südspange des Weges, Niedere Tauern vom Panoramaweg; schöne Bauernhäuser, Hirschgehege beim Walcherhof, Heimatmuseum im Grahhof (ältestes Bauernhaus der Ramsau), ältester Gebirgsahorn der Ramsau hinterm Gasthof Feisterer, Waldlehrpfad am Tannenweg, Aussicht vom Panorama-Hotel am Kulmberg (mit KFZ erreichbar).
Variante: 1. österreichischer *Natur- und Umweltlehrpfad für Kinder* am **Sattelberg**, mit fachmännischem und pädagogischem Geschick sehr abwechslungsreich gestaltet, ¾ Std. Anstieg und ½ Std. Abstieg, 140 Hm. Abzweigung vom *Hofrat-Gruber-Weg* Nr. 3.

Zur Rundwanderung auf der Mittelgebirgsterrasse der Ramsau kann man fast beliebig viele Ausgangspunkte wählen, besonders bieten sich Ramsau-Ort und Kulm an. Die Wanderung eignet sich besonders zur Akklimatisation am Beginn einer Saison. Man beachte, daß die Nordspange des Rundweges voll in der Sonne liegt, während die Südspange schattige Passagen bevorzugt.

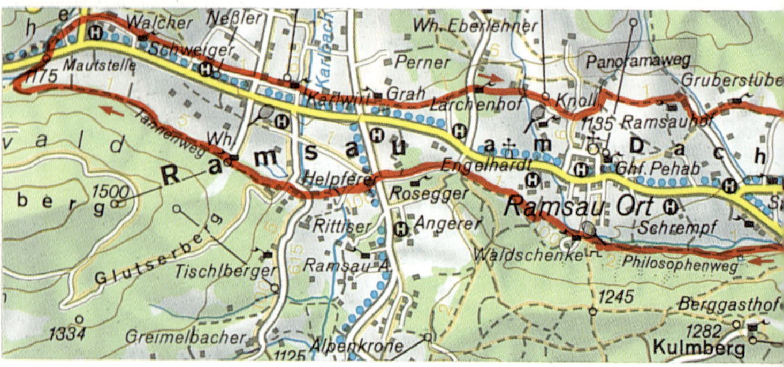

Der Grahhof, das älteste Bauernhaus der Ramsau – heute ein Heimatmuseum.

Der Rundweg im Uhrzeigersinn: Wir beginnen die Wanderung in **Kulm** und gehen vor der Brücke und der KFZ-Werkstätte links des Ramsaubaches westwärts. Am Fuße des bewaldeten Kulmberges auf dem *»Philosophenweg«* an Fischteichen, an der Waldschenke und Sprungschanze vorbei, über die Verbindungsstraße Vorberg – Pichl, dann auf dem *»Tannenweg«* über Bauernhöfe zum Liftstüberl und am **Rittisberg** entlang zu einem Wieseneck, dem westlichsten Punkt der Wanderung. Hier rechts über den Moosbach, anschließend am Schildlehenbach aufwärts, über die Hauptstraße und am Bach weiter zur **Mautstelle** der Dachsteinstraße. Hier wieder rechts und über die Wiesenterrasse der Ramsau auf dem *»Panoramaweg« ostwärts zum* **Haus Steinacker**, dem östlichsten Punkt der Rundtour. Hier rechts zur Hauptstraße und jenseits derselben geradeaus in südlicher Richtung weiter zum Fuß des **Sattelberges** und zum Ramsaubach. Auf dem *Hofrat-Gruber-Weg* über das Schwimmbad westwärts nach **Kulm** zurück.

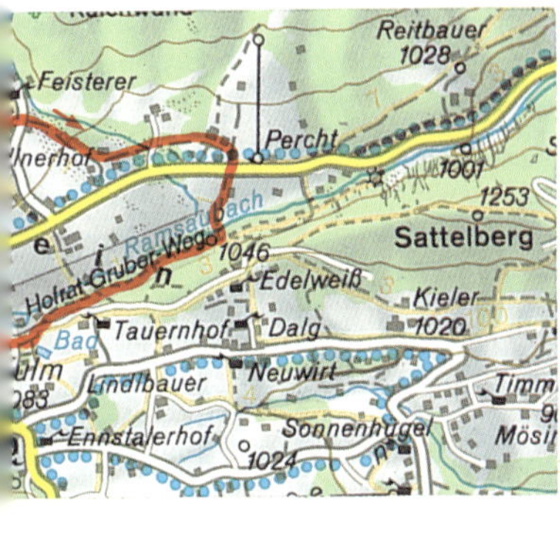

15 Kufstein, 2049 m

Blumenreiche Aussichtswarte an der Südostecke des Dachsteinplateaus

Gasthof Burgstaller – Schartl – Starnalm – Kufstein und zurück

Talort: Weißenbach, 721 m, bei Haus im Ennstal.

Ausgangspunkt: Gasthof Burgstaller, 984 m (Parkmöglichkeit). Anfahrt über Ramsau – Lodenwalker – Rössing.

Gehzeiten: Gasthof Burgstaller – Starnalm 2¼ Std., Starnalm – Kufstein ¾ Std., Kufstein – Burgstaller 2 Std.; Gesamtzeit 5 Std.

Höhenunterschied: Etwa 1050 m.

Anforderungen: Südseitige Wanderwege und markierte Steige, größtenteils im Wald, Ausdauer erforderlich.

Einkehrmöglichkeit: Gasthof Burgstaller. Auf der Wanderung nur Quelle in der Nähe des »Schartl« (»Viertelbründl«).

Sehenswertes: Blumenreichtum im Frühsommer, Aussicht vom Kufstein auf Dachsteinstock und -hochfläche, auf Totes Gebirge, Gesäuse, Niedere und Hohe Tauern, Ennstal. Wildgehege, altes Gerät und Bauernhaus beim Burgstaller.

Variante: Ausdauernde Bergwanderer können bei ausreichenden Sichtverhältnissen (!) als Abstieg den Weg über die Kufsteinscharte (Nr. 667) zur Grafenbergalm, dort rechts zum Grafenberg- und Ahornsee und wie Tour 16 nach Weißenbach wählen (gut 2½ Std. ab Gipfel). In diesem Fall sollte man aber nicht beim Burgstaller, sondern in Weißenbach starten (1 Std. längerer Anstieg zum Kufstein als vom Burgstaller).

Der Kufstein, an der Südostecke der Dachsteinhochfläche »Am Stein« gelegen, stellt, das obere Ennstal gut 1300 m überragend, eine beachtliche Aussichtswarte dar, deren Ruf sich besonders an klaren Herbsttagen bestätigt. Wer die Tour bereits im Frühsommer durchführt, wird von der Vielfalt und Pracht der Flora begeistert sein, die sich auf den oberen Sonnenhängen entfaltet.

Vom **Burgstaller** auf dem alten Almweg (Nr. 667) über Wiesen, vor allem aber durch Wald, die Forststraße ein paarmal queren, bis zu ihrem Ende. Hier

Starnalm und Kufstein.

mündet von rechts die Weißenbach-Route (Nr. 666) ein, und knapp 50 Hm später fließt das *Viertelbründl.* Beide Wege führen nun gemeinsam auf einen Boden, wo sie sich erneut teilen, um sich oberhalb der **Starnalm** (alternative Schreibweise: Stornalm) wieder zu treffen: linker Weg etwas länger und bequemer, rechter Weg *»Felsensteig«* durch lichten Wald und über unschwierige Felsbänder zu der in einer geschützten Ostmulde gelegenen Starnalm. Ab dem Wasserboden oberhalb der unbewirtschafteten Alm folgt man dem linken *Weg 667* über Blumenwiesen, durch Latschenfelder und über Schrofen zum **Kufsteingipfel**.
Der **Abstieg** wählt die Anstiegsroute.

16 Gradenbachfall, 891 m – Ahornsee, 1485 m

Sagenumwobene Seen, Schluchten, Wasserfälle

Parkplatz im Gradenbachtal – Gradenbachhütte/Gradenbachfall – Ahornsee und zurück

Talort: Weißenbach, 721 m, bei Haus im Ennstal.
Ausgangspunkt: Vor der Schranke im Gradenbachtal (hinter der Kneippanlage, Parkmöglichkeit). Anfahrt über Haus im Ennstal – Weißenbach, an der Kapelle rechts, Ww. »Kneippanlage, Ahornsee«.
Gehzeiten: Parkplatz – Gradenbachhütte/Gradenbachfall ¾ Std., Gradenbachhütte – Ahornsee knapp 2 Std., Rückweg 2 Std.; Gesamtzeit 4¾ Std.
Höhenunterschied: Etwa 800 m.
Anforderungen: Forststraße, überwiegend Wanderwege, stellenweise etwas Trittsicherheit erforderlich.
Einkehrmöglichkeit: Keine Einkehrmöglichkeit auf der Tour. Brunnen an der Gradenbachhütte, Quellen entlang der Wanderroute.
Sehenswertes: Gradenbachwasserfall, Ahornsee.
Variante: In Verbindung mit Tour 15 können ausdauernde Bergwanderer eine lohnende Rundtour durchführen, mit der man in Weißenbach beginnt: Weißenbach – Kufstein – Kufstein-Scharte – Grafenbergalm – Grafenbergsee – Ahornsee – Gradenbachfall – Weißenbach, 7 – 8 Std., 1300 Hm.

Eine Reihe von Sagen umgibt das Gebiet zwischen Kufstein und Gradenbachtal, wo der Teufel überlistet, eine Stadt verschüttet oder durch eine übermütige Sennerin ein Unwetter heraufbeschworen wurde. Diese sind uns im »Sagbauernsprung«, im »Lindwurm vom Gradenbach« und im »Wetterloch« überliefert. Obwohl man bei der Wanderung durch das Gradenbachtal bis zum Ahornsee keinen Gipfel erreicht, fehlt es nicht an landschaftlichen Höhepunkten: der in einer Klamm versteckte Gradenbachfall, die tief eingeschnittene Schlucht dieses Wildba-

Herbstzauber am Ahornsee.

ches, der Wasserreichtum am Rande einer Karsthochfläche, Tümpel, Hochmoore und ein Bergsee mit schroffer Felsumrahmung (Landschaftsschutzgebiet). Heute würde man diesen See besser Lärchen- statt Ahornsee taufen, ist er doch von vielen Lärchen umgeben, die besonders im Oktober einen zauberhaften Rahmen bilden (gutes Fotolicht um Mittag).
Vom Parkplatz hinter der **Kneippanlage** auf der Forststraße zur **Gradenbachhütte**, hier in ca. 1 Min. links zum versteckten **Gradenbachfall** und wieder zurück zur Straße. Hinter der Hütte (Weg 668) über eine bewaldete Steilstufe, dann hoch über der Klamm an der **Kreuzleiten** entlang und in leichtem Gefälle ins Bachbett hinab (einige *Drahtseilsicherungen*). Entlang des Baches, bald links, bald rechts desselben in der Schlucht aufwärts zum **Ahornsee**, an dessen Westufer ein Hütterl steht. Die Wanderung kann zum **Grafenbergsee** fortgesetzt werden, doch erreicht der höher gelegene Bergsee nicht den Zauber des Ahornsees.
Der **Abstieg** folgt der Anstiegsroute.

17 Freienstein, 1279 m

Klein aber oho – Kleiner Berg mit hohen Ansprüchen und viel Abwechslung

Assach – Assachberg – Nock – Assacher Scharte – Freienstein – Kunagrünberg – Kunagrün – Assach

Talort: Assach, 755 m.
Ausgangspunkt: Am Dorfplatz vor der Kirche Parkmöglichkeit.
Gehzeiten: Assach – Nock ¾ Std., Nock – Assacher Scharte ¾ Std., Assacher Scharte – Freienstein (Gipfelkreuz) ¾ Std., Freienstein – Kunagrünberg – Kunagrün 1¼ Std., Kunagrün – Assach ½ Std.; Gesamtzeit 4 bis 4½ Std.
Höhenunterschied: Etwa 600 m.
Anforderungen: Asphaltsträßchen, Wanderwege, im Gipfelbereich schmaler, luftiger Steig (zwei durch ein dünnes Drahtseil gesicherte Stellen, eine kurze Kletterstelle). Festes Schuhwerk, Trittsicherheit und Schwindelfreiheit erforderlich, Reepschnur bei Begleitung von Kindern empfehlenswert. Nicht bei Nässe! Leichte Variante siehe unter »Variante«.
Einkehrmöglichkeit: In Assach.
Sehenswertes: Die kleinen Felstürme des Gipfelkammes, der Blick ins Ennstal und seine Bergumrahmung (Schladminger Tauern: Hochwildstelle, Höchstein; die östl. Ausläufer des Dachsteingebirges: Stoderzinken, Kammspitze, Grimming).
Variante: Der am Feuerwehrhaus in Assach beginnende Rundweg »Assach – Kunagrünberg – Assach Nr. 14« stellt eine einfache Alternative zu der nachfolgend beschriebenen Tour über den Freienstein dar und ist um ca. ½ Std. kürzer. Der Routenverlauf: Assach – Assacher Scharte – nördlich um den Freienstein herum und auf der im folgenden beschriebenen Abstiegsroute über Kunagrünberg nach Assach.

Der Freienstein ist ein unscheinbares, stark bewaldetes, von mehreren kleinen Felsköpfen gekröntes, landschaftlich reizvolles Kalkriff, das man aber trotz seiner geringen Höhe nicht unterschätzen darf. Die vorgeschlagene Längsüberschreitung ist ein Genuß für den trittsicheren, schwindelfreien Bergwanderer, auch für Kinder bei entsprechenden Sicherheitsvorkehrungen (Seil).

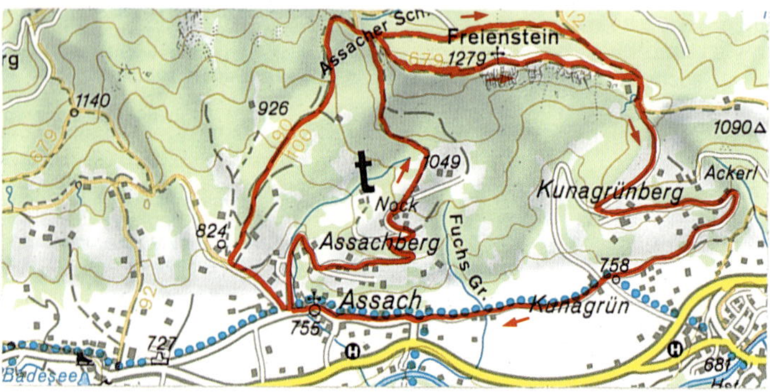

Am Freienstein, über dem Kessel von Gröbming.

Vom **Feuerwehrhaus** dem Wegweiser »Assachberg« folgen und auf einer Asphaltstraße über **Assachberg** bis zu ihrem Ende bei dem einzelnen, dunklen Haus am **Nock**. Dahiner schräg rechts, an der folgenden Wegverzweigung links, am Zaun entlang über eine Wiese zum Wald, hier scharf links, auf einem Waldsteig an einer Quelle vorbei, geradewegs über eine Lichtung zu einer Geländekante, westseitig ziemlich höhengleich am Freienstein entlang zu dessen Nordwestgrat oberhalb der **Assacher Scharte**. Hier scharf rechts, am Grat entlang über eine *Steilstufe* (dünnes *Drahtseil*) und am Grat weiter zum Westgipfel. Den bewaldeten Kammverlauf in leichtem Auf und Ab ostwärts, über eine kurze *Kletterstelle* zum reizvollen Aussichtspunkt am **Gipfelkreuz**. Auf schmalem Steig ostwärts weiter, in eine Scharte hinab (dünnes *Drahtseil*), im Auf und Ab über einige kleine Felsköpfe hinweg, an einem Hütterl (»Almfrieden«) vorbei zur Einmündung des *Rundweges Nr. 14* »Assach – Kunagrünberg – Assach«. Rechts über einen Wiesensattel (Quelle), durch einen Hohlweg nach **Kunagrünberg** und über eine Asphaltstraße zum **Gut Kunagrün** hinab. Hier von der Asphaltstraße abzweigen (!), das Gut rechts (nord- und westseitig) umgehen (meist 2 Gatter) und dahinter auf dem etwas nach Süden versetzten Feldsträßchen westwärts nach **Assach** zurück.

18 Stoderzinken, 2048 m

Auf den Spuren Peter Roseggers

Stoderzinken-Parkplatz – Friedenskirchl – Stoderzinken – Brünner Hütte – Steinerhaus – Parkplatz

Talort: Gröbming, 770 m.
Ausgangspunkt: Auf der Stoderzinken-Alpenstraße (1959 – 1961 erbaut, 11 km, Maut, bis 9 % Steigung) von Gröbming zum großen Parkplatz am Berg, ca. 1890 m.
Gehzeiten: Parkplatz – Steinerhaus 10 Min., Steinerhaus – Friedenskirchl 20 Min., Friedenskirchl – Stoderzinken 20 bis 30 Min., Stoderzinken – Brünner Hütte ½ Std., Brünner Hütte – Steinerhaus – Parkplatz 25 Min.; Gesamtzeit 1¾ bis 2 Std.
Höhenunterschied: Insgesamt 350 m.
Anforderungen: Breiter Wanderweg zum Stoderzinken, direkter Anstieg vom Friedenskirchl zum Stoderzinken über *Florasteig* nur für Trittsichere und Schwindelfreie.
Einkehrmöglichkeiten: Steinerhaus (privat, bew. Juni mit Oktober, Tel. 03685/22656), Gasthaus im Sattel dahinter, Brünner Hütte (bew. Juli mit September).
Sehenswertes: Friedenskirchl in reizvoller Lage, Rundblick vom Stoderzinken auf Kammspitze, Ennstal, Ennstaler Alpen, Niedere Tauern (Hochwildstelle, Höchstein, Hochgolling), Ankogel-, Goldberg- und Glocknergruppe, Dachstein, Salzkammergutberge, Kirche in Gröbming. Prähistorische Felsritzbilder der Notgasse (gut 1 Std. von der Brünner Hütte).

Der Stoderzinken, heute eine bequem erreichbare Aussichtskanzel über dem Kessel von Gröbming und dem Ennstal, hat im Jahre 1904 schon den Steirischen Heimatdichter Peter Rosegger begeistert, zu dessen Ehren unterhalb des Gipfels ein Denkmal errichtet wurde.
Am Sandsträßchen zum nahen **Steinerhaus**, dahinter in einen kleinen Sattel zu einem weiteren Gasthaus hinab und zu einer Weggabelung. Rechts geht es auf breitem *Wanderweg Nr. 676* auf die Südseite des Stoderzinkens, am **Peter-Rosegger-Denkmal** vorbei (1968 errichtet) und auf der Stoder-Südseite geradeaus weiter zum nahen **Friedenskirchl** (1902 erbaut) in luftiger Position. Nur der Trittsichere und Schwindelfreie sollte auf dem anschließenden *Florasteig* direkt zum Gipfel ansteigen. Der schmale und anfangs etwas *luftige* Steig quert eine Rinne und steigt gleich dahinter an der Rippe links hinauf, bis er auf den Normalweg trifft. Die meisten Wanderer entscheiden sich ohnehin für den Letztgenannten. Sie gehen vom Friedenskirchl zum **Peter-Rosegger-Denkmal** zurück, wo die leichte Route zum Stoderzinken

abzweigt. Beide Wege führen zuletzt gemeinsam auf den höchsten Punkt und noch ein kleines Stück ostwärts weiter zum **Gipfelkreuz** (siehe Foto S. 8). Wer nicht auf kürzester Route (Weg 676) zum Parkplatz zurück will, kann westlich des Gipfels auf *Weg Nr. 675* nordwestwärts zu der bereits vom Gipfel sichtbaren **Brünner Hütte** auf der Stoderalm ab- und von dort auf einem Sträßchen nach links zu dem eingangs erwähnten Sattel mit dem Gasthaus ansteigen und weiter über das nahe **Steinerhaus** zum **Parkplatz** zurück.

Am Friedenskirchl – Tiefblick nach Gröbming.

19 Stierkarsee, 1810 m, und Goldlacken, 2300 m

Landschaftliche Schmankerl in drei Etagen

Sattental-Parkplatz – Tagalm – Stierkarsee – Goldlacken und zurück

Talort: Pruggern im Ennstal, 681 m.
Ausgangspunkt: Parkplatz im Sattental, ca. 1300 m, 9 km von Pruggern (Ww. »Perneralm, Tagalm«), mautfrei.
Gehzeiten: Parkplatz – Tagalm ½ Std. (2 km), Tagalm – Stierkarsee 2 Std., Stierkarsee – Goldlacken 1½ Std., Rückweg 2 Std.; Gesamtzeit 6 Std. (nur Stierkarsee und zurück: gut 4 Std.)
Höhenunterschied: Stierkarsee etwa 550 m, Goldlacken etwa 1000 m.
Anforderungen: Almsträßchen im Talboden, dann Wanderwege. Zu den Goldlacken nur bei ausreichender Sicht, gut auf Markierung (rot-weiß-rot und Steinmänner) achten, Orientierungssinn unerläßlich, Schwierigkeit »rot«!
Einkehrmöglichkeiten: Tagalm (bew. Anfang Juni bis Mitte Oktober), Perneralm.
Sehenswertes: Der Talschluß des Sattentales mit Wasserfall, Stierkarsee, Goldlacken; Rauchkuchl in der Tagalm.

Die Wanderung zum Stierkarsee und zu den Goldlacken kann mit drei landschaftlichen Schmankerln aufwarten, die sich mit zunehmender Höhe steigern. Da ist einmal der gewaltige Talkessel mit dem mehrstufigen Wasserfall, auf der nächsten Etage der in einem versteckten Winkel gelegene Stierkarsee und schließlich das Naturwunder der Goldlacken, die – wenn auch

Tiefblick zum Stierkarsee und ins Sattental, links der Pleschnitzzinken.

kleiner – in einem Atemzug mit dem Klafferkessel zu nennen sind. Man sollte sie aber frühestens Ende Juli besuchen, wenn sie der Schnee freigibt.
Auf einem eben verlaufenden Talsträßchen zur nahen **Perneralm** und zur etwas weiter entfernten **Tagalm**. An den unteren Hütten vorbei auf den Wasserfall im Talschluß zu, hinter einem Bach halblinks über Wiesen (Ww. an jungen Fichten: »Stierkarsee ..«) zum Graben, links über einen Steg, auf einer zwischen zwei Bächen gelegenen, bewaldeten Rippe bergwärts, dann noch ein Stück in der freien »Langschneerinne« aufwärts, zuletzt im Bogen rechts auf den Begrenzungskamm hinaus (eine ganz kleine Felsstufe mit *Eisenstift*). Dort verzweigt sich der Weg: Geradeaus über den Rücken hinweg zum nahen **Stierkarsee**, links zu den Goldlacken (siehe Foto Seite 13).
Wer sich die Goldlacken zum Ziel setzt, kann auf den Abstecher zum Stierkarsee eventuell verzichten; es wird ihm auf dem weiteren Anstieg ein großartiger Tiefblick in den Seekessel geboten. Von der Abzweigung am Scheitel des Rückens (Alpenrosenblüte im Juli!) auf einen Boden, rechts über den Bach und sehr windungsreich über viele kleine Geländestufen (gut auf die Markierung achten!) auf ein felsiges Plateau bei den **Goldlacken**. Glasklare Seeaugen und Tümpel inmitten eines wilden Karkessels, von riesigen Moosteppichen gesäumte Lacken, der Tiefblick auf zahllose glitzernde Wasseraugen, weidende Schafe und einsame Stille bleiben in der Erinnerung haften.
Der **Abstieg** erfolgt am Anstiegsweg.

20 Pleschnitzzinken, 2112 m

Familienfreundlicher Wiesenberg am Rande eines Skigebietes

Bottinghaus – Galsterbergalm – Pleschnitzzinkenhütte – Pleschnitzzinken und zurück

Talort: Pruggern im Ennstal, 681 m.
Ausgangspunkt: Parkplatz am Bottinghaus, ca. 1630 m. Erreichbar über Pruggern (Ww. »Galsterbergalm, Bottinghaus«), 10,3 km ab Bahnübergang Pruggern, mautfrei.
Gehzeiten: Bottinghaus – Galsterbergalm knapp ½ Std., Galsterbergalm – Pleschnitzzinken 1 Std., Rückweg 1 Std.; Gesamtzeit 2½ Std.
Höhenunterschied: Etwa 500 m.
Anforderungen: Wanderwege.
Einkehrmöglichkeit: Galsterbergalm (bew. von Mitte Juni bis Ende Oktober, 20 B. + L., Tel. 03685/23797).
Sehenswertes: Panorama vom Pleschnitzzinken: Hochwildstelle, Höchstein (markantes Horn), Bischofsmützen, Dachsteinkette, Totes Gebirge, Ennstaler Alpen, Tauern.

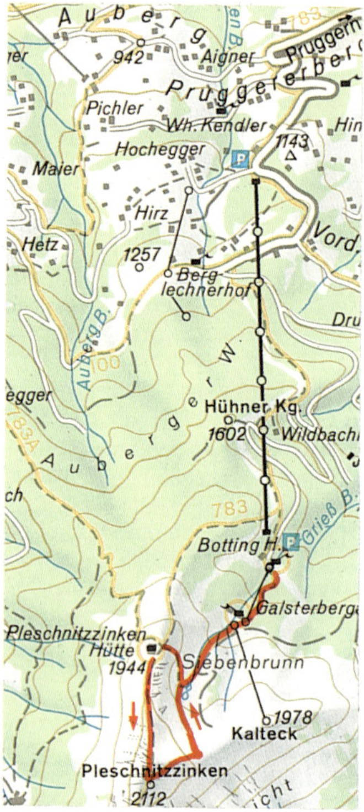

Durch die zum Bottinghaus (im Sommer nicht bew.) führende Straße ist der Grasberg Pleschnitzzinken sehr bequem erreichbar geworden. Die auf dem Anstiegsweg gelegene Jausenstation »Galsterbergalm« gibt ihm sicherlich zusätzliche Attraktivität. Besonders zur Alpenrosenblüte (erste Julihälfte), aber auch im August (Blauer Eisenhut im Gipfelbereich) und nicht zuletzt an »weitsichtigen« Herbsttagen lohnt sich eine Wanderung auf den Grasberg über dem Ennstal. Es ist allerdings auch unübersehbar, daß die Lifte und Pisten ebenso wie die Bergstraße hier große Wunden geschlagen haben.

Am Schlepplift nahe dem **Bottinghaus** beginnt der Wanderweg durch lichten Wald und ausgedehnte Farnflächen zur **Galsterbergalm**. Auf dem Sträßchen hinter der Jausenstation geht es zu einer Gabelung. Nun rechts in den Wiesenkessel, an der Linkskehre vom Sträßchen ab und im Rechtsbogen auf

die Kammhöhe hinauf, wo man auf die unbewirtschaftete **Pleschnitzzinkenhütte** trifft. Über den breiten Grasrücken nach links zum **Gipfel**.
Der **Abstieg** folgt dem Anstiegsweg. Eine Alternative besteht bei trockenem Wetter durch einen Abstieg über den *Ostgrat* (gut erkennbarer, nicht markierter Steig) in den Sattel zwischen Pleschnitzzinken und Kalteck, wo ein Sträßchen nordwärts zur Galsterbergalm hinabführt.

Am Pleschnitzzinken – Blick auf den Dachstein und ins Ennstal.

21 Bodensee – Hüttensee – Obersee, 1672 m

Drei Seen und zwei Wasserfälle

Parkplatz – Bodensee – Hüttensee – Obersee und zurück

Talorte: Haus, 772 m, und Aich, 694 m.
Ausgangspunkt: Parkplatz nördlich des Bodensees, 1157 m. Anreise auf Mautstraßen über Ruperting bzw. Gössenberg im Ennstal.
Gehzeiten: Parkplatz – Bodensee gut 5 Min., Bodensee – Hans-Wödl-Hütte am Hüttensee 1¼ Std., Hans-Wödl-Hütte – Obersee ½ Std., Rückweg zum Parkplatz 1½ Std.; Gesamtzeit 3½ Std.
Höhenunterschied: Gut 500 m.
Anforderungen: Wanderwege.
Einkehrmöglichkeiten: Gasthaus am Bodensee, Hans-Wödl-Hütte (Alp. Ges. Preintaler, bew. Mitte Juni bis Ende September, Tel. 03686/4223).
Sehenswertes: Das Seewigtal mit den drei Seen, den dazwischenliegenden Wasserfällen und der Bergumrahmung.

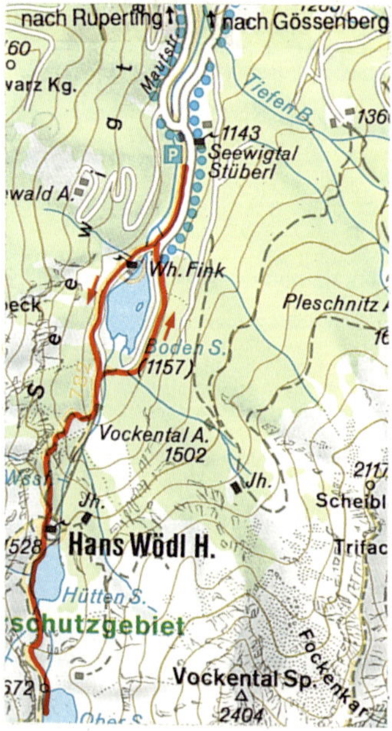

Das Seewigtal (Naturschutzgebiet) ist ein märchenhaft schöner Winkel der Niederen Tauern! Dies kann jeder bestätigen, der die hier vorgeschlagene Wanderung vom Bodensee zur Hans-Wödl-Hütte bei günstiger Witterung durchgeführt hat oder gar an einem klaren Herbsttag von der Neualmscharte bzw. von der Niederen Wildstelle auf die drei Seeaugen im Tal hinabblicken konnte: Drei klare Bergseen, in drei verschiedenen Etagen gelegen, durch zwei Wasserfälle miteinander verbunden und von hohen Bergflanken umrahmt. Besonders eindrucksvoll baut sich über dem obersten Seekessel die Nordwand der Hochwildstelle auf. Neben dem Auslauf des mittleren Sees wurde auf einer Bodenschwelle von der in den Schladminger Tauern mehrfach vertretenen Alpinen Gesellschaft »Preintaler« 1896 zu Ehren des verdienstvollen Erschließers dieser Gebirgsgruppe, Hans Wödl, eine Hütte errichtet, die in den Sommermonaten viele Tagesgäste aufsuchen. Abenteuerliche Geschichten und Sagen ranken sich um das Seewigtal, etwa die vom »Kreuzstein«, dem »Schlüssel zu ergiebigen Goldadern«, der nur einen Büchsenschuß von der Wödl-Hütte entfernt sein soll.

Bodensee und Kammspitze.

Schon nach wenigen Minuten erreicht man den Forellenhof am fischreichen **Bodensee** und spaziert auf *Weg 782* am Westufer des Gewässers zum unüberseh- und vor allem unüberhörbaren **Wasserfall** im hinteren Talboden, zu dem man ein Stück ansteigen kann. Zur **Wödl-Hütte** am **Hüttensee** stapft man rechts des Wasserfalles auf breitem, felsdurchsetztem Pfad hinauf. Der Weg zum **Obersee** führt erneut am Westufer des zweiten Sees entlang und überwindet nochmals eine (kleinere) Stufe.
Für den **Rückweg** wählt man die Anstiegsroute. Entlang des Bodensees kann man auch auf gutem Wanderweg am Ostufer zum Parkplatz zurückkehren.

22 Höchstein, 2543 m

Eine Genußtour für den Berggewohnten

Hans-Wödl-Hütte – Untere und Obere Filzscharte – Kaltenbachschulter – Höchstein und zurück

Talorte: Haus, 772 m, und Aich, 694 m, im Ennstal.
Ausgangspunkt: Hans-Wödl-Hütte, 1528 m. Zugang zur Hütte siehe Tour 21. Parkplatz nördlich des Bodensees, 1157 m. Anreise auf Mautstraßen von Ruperting bzw. Gössenberg im Ennstal.
Gehzeiten: Hans-Wödl-Hütte – Untere Filzscharte 2¼ Std., Untere Filzscharte – Obere Filzscharte 10 Min., Obere Filzscharte – Kaltenbachschulter ½ Std., Kaltenbachschulter – Höchstein ½ Std., Höchstein – Hans-Wödl-Hütte 2¾ Std.; Gesamtzeit 6 bis 6½ Std. Wer nicht in der Hans-Wödl-Hütte übernachten will, muß für den Anstieg vom Bodensee zusätzliche 1¼ Std. einplanen.
Höhenunterschied: Gut 1000 m, ab Bodensee 1400 m.
Anforderungen: Markierte Wege und Steige, die im Bereich der Filzscharten und besonders im Gipfelbereich Trittsicherheit voraussetzen (I). Ausreichende Kondition erforderlich! Nicht bei Nässe! Zwischen Filzscharte und Kaltenbachschulter evtl. längere Zeit Altschneefelder, meist erst ab Juli empfehlenswert.
Einkehrmöglichkeiten: Hans-Wödl-Hütte am Hüttensee (Alp. Ges. Preintaler, 9 B., 75 L., bew. Mitte Juni bis Ende Sept., Tel. 03686/4223), Gasthaus am Bodensee.
Sehenswertes: Blick ins Seewigtal, kleine Seen und Bergumrahmung auf der Route zum Höchstein. Das Gipfelpanorama am Höchstein: Hochwildstelle als dominante Berggestalt, Niedere Tauern, Hohe Tauern bis Großglockner, Dachsteinkette, Tiefblick besonders auf Moaralmsee und Kaltenbachsee, Überblick fast über das gesamte Wandergebiet des Führers.

Die Besteigung des Höchsteins von der Hans-Wödl-Hütte zählt nicht nur zu den landschaftlich reizvollsten, sondern auch anspruchsvollsten Vorschlägen dieses Wanderführers. Eine vorherige Nächtigung auf der genannten Hütte – wie hier vorgeschlagen – ist deshalb zu empfehlen. Für den berggewohnten, trittsicheren Wanderer ein großartiges Unternehmen!

Nach einem Kaltlufteinbruch am Höchstein – hinten die Hochwildstelle.

Westlich der **Hütte** zuerst über eine Steilstufe, dann etwas flacher auf einen Absatz zu einem Hütterl. In gleicher Richtung durch eine rinnenartige Mulde mit großen Steinblöcken in ein Schartl und unter der Moderspitze im Bogen am Rande eines Kares mit mehreren kleinen, reizvollen Seeaugen entlang, dann steil zur **Unteren Filzscharte**. Links weiter, einen dunklen, abweisenden Felsturm auf seiner Westseite zur nahen **Oberen Filzscharte** queren. Auf der Ostseite des Höchsteins südwärts durch ein Blockkar und halbrechts auf die **Kaltenbachschulter**, nun über die brüchige Südflanke mit zunehmender Steigung gegen den Westgrat hinauf, vor dem eine kurze, mit einem *Eisenstift* gesicherte Stelle zu überwinden ist. Zuletzt über den Westgrat nach rechts zum **Gipfelkreuz**.
Der **Abstieg** folgt ganz der Anstiegsroute! Von der Hans-Wödl-Hütte kehrt man auf dem in Tour 21 beschriebenen Wanderweg zum Parkplatz am Bodensee zurück.

23 Hauser Kaibling, 2015 m

Bequem erreichbarer Schauplatz über dem Ennstal

Hauser-Kaibling-Seilbahn – Hauser Kaibling – Naturfreundehaus Kaibling – Krummholzhütte/Seilbahn

Talort: Haus im Ennstal, 772 m.
Ausgangspunkt: Bergstation der Seilbahn, 1840 m, über Dorfzentrum Haus erreichbar. Betriebszeit: ab Pfingsten täglich von 08.00 bis 12.00 Uhr und von 13.00 bis 16.30 Uhr. Parkmöglichkeit an der Talstation der Seilbahn oder im Dorf.
Gehzeiten: Bergstation – Hauser Kaibling ½ Std., Hauser Kaibling – Naturfreundehaus Kaibling ½ Std., Naturfreundehaus – Krummholzhütte / Seilbahn-Bergstation ¾ Std.; Gesamtzeit etwa 2 Std.
Höhenunterschied: Etwa 250 m.
Anforderungen: Leichte Wanderwege.
Einkehrmöglichkeiten: Gasthaus an der Talstation, Krummholzhütte (fast ganzjährig bew., 45 L. + B., Tel. 03686/2317) Berggasthof Scharfetten, Jugend-Bergheim, Naturfreundehaus Kaibling (bew. von Mitte Juni bis Ende Oktober, 48 L. + B., Tel. 03686/2278).
Sehenswertes: Sicht vom Gipfel auf Goldberg- und Glocknergruppe, Hochkönig, Gosaukamm und Dachstein, Ennstal und Ennstaler Alpen, Niedere Tauern (Hochwildstelle, Höchstein, Hochgolling); Ortsbild von Haus (Kirchgasse), Barockkirche, Kirche von Oberhaus.
Varianten: Für Wanderfreudige besteht die Möglichkeit, die Tour zum Moaralmsee und sogar zum Höchstein (siehe Tour 22) auszudehnen. Außerdem kann man nach Haus ab- oder vom Kemeterhof ansteigen.

Der Hauser Kaibling ist ein leicht erreichbarer Rasengipfel über dem Ennstal mit hohem Aussichtswert. Um die bereits seit 1879 bestehende Krummholzhütte hat sich neben der Seilbahn eine kleine Siedlung und

ein weithin sichtbarer Sendemast etabliert. Wanderer, Gleitschirmflieger und auch Mountain-Biker kommen hier zusammen.
Von der **Krummholzhütte** auf den unübersehbaren Sendemast zu und am Grasrücken und -kamm zum Gipfelkreuz des **Hauser Kaibling**. Zuerst am freien Kamm nach Süden, dann durch Latschenfelder zum **Roßfeldsattel** hinab. Kurz vor diesem könnte man bereits bei einem *Drahtseil* rechts zur Bergstation zurückwandern (am aussichtsreichsten!). Vom Sattel rechts durch den Wald zum **Naturfreundehaus** hinab.
Entweder auf einer Forststraße oder auf einem Wanderweg zur **Krummholzhütte** zurück. Letzterer geht ein kleines Stück in Richtung Roßfeldsattel zurück und wendet sich ca. 15 Hm oberhalb eines Lifthäuschens nach links, um auf der Westseite des Hauser Kaibling die Bergstation zu erreichen.

Am Hauser Kaibling – Blick auf Tennengebirge (links) und Dachstein (rechts).

24 Quer durch die Schladminger Tauern

Vier Tage landschaftliche Höhepunkte zwischen Obertauern und Schladming

Obertauern – Landawirseehütte – Gollinghütte – Gasthaus Riesachfälle

Ausgangspunkt: Obertauern, 1739 m.
Gehzeiten: 1. Tag: Obertauern – Seekarhaus – Oberhütte 3 – 3½ Std., Oberhütte – Ahkarscharte – Giglachseehütte – Ignaz-Mattis-Hütte 3½ Std.; Gesamtzeit 7 Std. (mit einer Kalkspitze 1 Std. zusätzlich);
2. Tag: Ignaz-Mattis-Hütte – Rotmandlspitze 2 Std., Rotmandlspitze – Keinprechthütte 1½ Std., Keinprechthütte – Trockenbrotscharte – Landawirseehütte 2½ Std.; Gesamtzeit 6 – 7 Std.;
3. Tag: Landawirseehütte – Gollingscharte über Höhenweg 1½ Std., Gollingscharte – Hochgolling und zurück 3½ Std., Gollingscharte – Gollinghütte 1½ Std.; Gesamtzeit 7 Std., (ohne Hochgolling 3½ Std.);
4. Tag: Gollinghütte – Greifenberg 2½ – 3 Std., Greifenberg – Klafferkessel – Preintaler Hütte 2½ Std., Preintaler Hütte – Gasthaus Riesachfälle im Untertal 2 Std.; Gesamtzeit 7 – 8 Std.
Höhenunterschiede: 1. Tag 800/950 m, 2. Tag 950 m, 3. Tag 950 m, 4. Tag 1000 m.
Anforderungen: Ausdauer für eine tägliche Gehzeit um 7 Std. und 1000 Hm. Stellenweise ist Trittsicherheit und Schwindelfreiheit erforderlich. Größeres Rucksackgewicht als bei Tageswanderungen!
Höchste Punkte: 1. Tag: Steirische Kalkspitze (2459 m) oder Lungauer Kalkspitze (2471 m) – s. Tour 34. 2. Tag: Rotmandlspitze (2453 m). 3. Tag: Samspitze (2381 m) oder Hochgolling (2862 m) – s. Tour 31. 4. Tag: Greifenberg (2618 m).
Einkehr- und Nächtigungsmöglichkeiten: 1. Tag: Seekarhaus (1797 m, AV-Hütte, ganzj. bew. außer Mai und Juni, ca. 80 L. + B., Tel. 06456/213), Oberhütte (1869 m, privat, bew. Ende Juni bis Anf. Okt., 30 L. + B., Tel. 0663/65238), Giglachseehütte (1956 m, privat, bew. Juni mit Okt., Tel. 06454/7409), Ignaz-Mattis-Hütte (1986 m, AV-Hütte, bew. Mitte Juni bis Anfang Okt., ca. 80 L. + B., Tel. Tal 03687/61262).
2. Tag: Keinprechthütte (1872 m, AV-Hütte, bew. Mitte Juni bis Ende Sept., ca. 60 L. + B., Tel. Tal 03687/61281), Landawirseehütte (1985 m, AV-Hütte, bew. Mitte Juni bis Ende Sept., über 50 L. + B., Tel. 06483/245).
3. Tag: Gollinghütte (1641 m, Alpine Ges. »Preintaler«, bew. Mitte Juni bis Ende Sept., über 80 L. + B., Tel. 03687/61350).
4. Tag: Preintaler Hütte (1657 m, Alpine Ges. »Preintaler«, bew. Mitte Juni bis Ende Sept., 120 L. + 10 B., Tel. 03687/61397), Gfölleralm, Gasthaus Riesachfälle (Bushaltestelle).
Sehenswertes: Das großartige Landschaftsbild der Schladminger Tauern mit hunderten von Seen und Lacken, das im Klafferkessel den Höhepunkt erreicht. Hochgolling als höchster Gipfel der Niederen Tauern mit sehr weiter Rundsicht.
Hinweise: Bei zeitigem Aufbruch auf den Hütten können die wesentlichen Anstiege (Ausnahme: Ahkarscharte) schattseitig durchgeführt werden. Die 4 Tagesetappen können auch auf 7 Tage gestreckt werden. Zusätzliche Übernachtungsstationen bieten sich in der Oberhütte, Keinprechthütte, Preintaler Hütte. Abbruchsmöglichkeiten der Durchquerung bestehen am Preuneggsattel durch Abstieg zur Ursprungalm (s. Tour 33), bei der Keinprechthütte durch Abstieg ins Obertal (s. Touren 27/32) und bei der Gollinghütte durch Abstieg ins Untertal (s. Tour 30). Alle »Ausstiegsziele« bieten Busanschluß nach Schladming.
Variante: Am 2. Tag »Stollenlehrpfad«: Mattis-Hütte – Knappenseen – Zinkwanddurchquerung – Keinprechthütte (4 Std., Schwierigkeit schwarz; Helm mit Stirnlampe, alpine Erfahrung unerläßlich, wichtige Hinweise bei Tour 33, Variante 2 beachten!).

Am Riesachsee.

1. Tag – Von Obertauern zur Ignaz-Mattis-Hütte

Auf der Straße zum **Seekarhaus**, am Tauernhöhenweg Nr. 702 zur Seekarscharte hinauf, hier rechts abzweigen und auf breiter Rampe zu einem unbenannten Sattel, dahinter über mehrere Geländestufen auf einen Boden hinab, wo man einem Bächlein zum Oberhüttensattel folgt. In wenigen Minuten erreicht man links die **Oberhütte** am gleichnamigen See. Vom Sattel auf einem Latschenrücken ostwärts, über eine Steilstufe und anschließend über felsdurchsetztes, reichgegliedertes Rasengelände zur **Ahkarscharte**. Abzweigung nach links zur *Steir. Kalkspitze* oder nach rechts zur einfacheren *Lungauer Kalkspitze* möglich (siehe Tour 34 !). Südostseitig zuerst ziemlich flach, dann ostseitig über einen gestuften Rücken zum Znachsattel, wo man sich der nördlich gelegenen **Giglachseehütte** nahe dem *Preuneggsattel* zuwendet. Hier rechts über welliges Gelände zur **Ignaz-Mattis-Hütte.**

2. Tag – Von der Ignaz-Mattis-Hütte zur Landawirseehütte

Zum Auslauf des Unteren (großen) Giglachsees hinab, rechts zur **Knappenhütte** hinauf und weiter ins Vetternkar. Unter den beiden Knappenseen (verfallene Bauten aus der Bergwerkszeit) im Linksbogen unter die **Rotmandlspitze**, die man in vielen Serpentinen über einen Steilhang mühsam erreicht. Nach rechts in die nahe, gleichnamige Scharte hinab, die Nordflanke des Sauberges (Schnee bis in den Juli) zur **Krukeckscharte** absteigend queren und auf der Südseite des Krukecks windungsreich in den steil abfallenden Kessel um die **Keinprechthütte** hinab. In einer riesigen, nach Süden ausholenden Schleife einen weiteren Kessel durchqueren, dann in leichtem Auf und Ab die Osthänge des Pietrach bis zum Rand einer großen Grube traversieren und schließlich steil und etwas mühsam auf die **Trockenbrotscharte**, wo man den Hochgolling und die **Landawirseehütte** erblickt. Zuerst etwas steil, dann über angenehme Bergweiden zu ihr hinab.

3. Tag – Von der Landawirseehütte zur Gollinghütte

Auf der Durchquerung der Schladminger Tauern wird üblicherweise auch der **Hochgolling**, der höchste Gipfel der Niederen Tauern, auf dem »Historischen Weg« über die brüchige Westflanke bestiegen. Wer dies vorhat, sollte nicht in den Göriachwinkel ab- und zur Gollingscharte ansteigen, sondern den kürzeren, anspruchsvolleren Höhenweg (nur für Geübte) wählen. Mit den hier

anzutreffenden »Schwierigkeiten« hat er auch am Hochgolling zu rechnen und kann sich sozusagen testen.
Auf der Route des Vortages 5 Min. zurück, dann rechts (Ww. »Samspitze, Höhenweg«) abbiegen. Über Weidehänge zur Abzweigung **»Samspitze«** ansteigen. Der Abstecher zu diesem Gipfel führt auf markiertem Steig nordwärts über eine z. T. felsdurchsetzte Grasmulde. Zur Gollingscharte quert man steile Grashänge ostwärts (siehe Foto Seite 11) und trifft vor der Einmündung des Wanderweges über den Göriachwinkel auf einen wasserüberronnenen, schwarzen, von einem guten Felsband durchzogenen und mit Perlonseil gesicherten *Felsabbruch* (Bei Vereisung evtl. problematisch!). Durch eine bis in den August z.T. schneegefüllte Karmulde zur **Gollingscharte** hinauf.
Abstecher zum Hochgolling: Siehe Tour 31 (Schwierigkeit »schwarz«)! Von der Scharte ostseitig ins Kar hinab, schließlich auf der rechten Seite des Baches über die verfallene Steinwenderalm talauswärts zur **Gollinghütte**.

4. Tag – Von der Gollinghütte über die Preintaler Hütte ins Untertal

Nach Osten über den Bach und an der Westflanke des Greifenberges zuerst nach Norden ausholen, dann ostwärts durch ein Kar auf den Greifenbergsattel (blauer See) und über den südwestgerichteten Blockhang zum **Greifenberg** (Tiefblick in den Klafferkessel). Auf gesichertem Steig zur Ob. Klafferscharte und zum Oberen (größten) **Klaffersee** hinab. Windungsreich – Markierungen beachten! – durch das Gewirr kleiner Seen (siehe auch Tour 29!) zur **Unteren Klafferscharte** und durch das Lämmerkar zur **Preintaler Hütte** hinab. Über eine größere Geländestufe ins Riesachtal, dann auf einem Sträßchen flach zum **Riesachsee**, über eine Geländeschwelle bei der Gfölleralm hinweg, schließlich in Schleifen durch den Wald zur Abzweigung des Steiges über die Riesachfälle bei einer Rechtskehre der Straße. Links durch den Wald zu einem Steg queren und jenseits desselben entlang der zwei imposanten **Riesachfälle** zum gleichnamigen **Gasthaus** mit der Bushaltestelle absteigen (siehe Tour 28). – Rückfahrtmöglichkeit über Schladming (Lendplatz) und Radstadt nach Obertauern. In beiden Städten ist umzusteigen. Die Abfahrt beim Riesachfall erfolgt um ca. 15.30 Uhr.

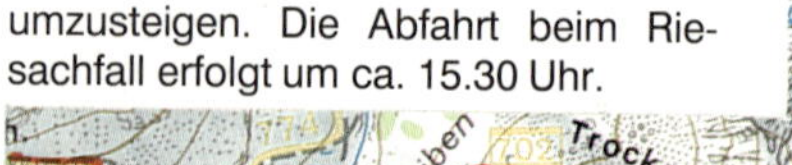

Riesach S.
(1338)
Riesachfälle
Riesachfall
Wieser A.
Schmiedlechner A.
Neu A.
1849
Wildloch Sch.
Wildlochhöhe
2534
Brand A.
Kerschbaumer A.
1356
Höfersteig
2500
Himmelreich
Roß A.
Bärenkar A.
(verf.)
Riesach B.
Tratten S.
Trattenkar
Schneider
2328
Kot A.
Bärenkar
Mandl Sp.
2180
Hochkar
Inn. Hochkar
Preintaler H.
1657
Wssf.
STLRWW
2434
Placken
1778
Äuß. Lämmerkar
Waldhorn A.
Unt. Sonntagskar S.
Huber A.
1639
Steinkarhöhe
Inn. Lämmerkar
Ob. Sonntagskar S.
Sonntagskar
2064
Unt. Klaffer S.
Klaffer Sch.
Greifenstein
2397
1299
2103
Waldhorn
2702
Rauhenberg S.
Klafferkessel
2311
Kapuziner S.
2681
Waldhorntörl
2283
Kieseck
Rauhenberg
Steger A.
Greifenberg
Breite Sch.
Ob. Klaffer S.
Anger S.
Klafferschneide
2618
Meister Sp.
2617
Zwerfenberg S.
1641
Greifenberg Stl.
Meister Sch.
Kaiser Sp.
2197
Pöllerhöhe
2024
Lungauer Klaffer S.
2601
Ob. Steinwender A.
1705 (verf.)
2602
2298
Kaiser Sch.
Gr. Gangl
Irrkarl
Kl. Gangl
2478
Ob. Gamsen A.
(verf.)
Göralhtt.
1878
Deichsel Sp.
2684
Poller A.
(verf.)
Rotter
Zischken
Hochgolling

25 Planai, 1906 m, und Krahbergzinken, 2134 m

Drei leichte Wanderungen im Bereich eines berühmten Skigebietes

Bergstation – Planai; Bergstation – Planairundweg (Lehrpfad); Bergstation – Krahbergzinken und zurück

Talort: Schladming, 749 m.
Ausgangspunkt: Bergstation der Planaibahn, ca. 1820 m, (von Juli bis Ende September tägl. von 9.00 – 17.00 Uhr). Parkplatz der Mautstraße beim Planaihof (5 Min. von der Bergstation) oder bei der Talstation der Planaibahn.
Gehzeiten: Bergstation – Planaigipfel 20 Min., Bergstation – Rundweg um den Planaigipfel auf einem Lehrpfad 40 Min., Bergstation – Krahbergzinken 1½ Std., Rückweg 1 Std.; Gesamtzeit Krahbergzinken 2½ Std.
Höhenunterschied: 350 m zum Krahbergzinken.
Anforderungen: Breite, bequeme Wanderwege im Bereich der Planai, etwas anspruchsvoller zum Krahbergzinken.
Einkehrmöglichkeiten: Schladminger Hütte unmittelbar neben der Bergstation, 1828 m (AV-Hütte, ganzj. bew. außer Oktober, 26 B. + L., Tel. 03687/22639), Planaihof am Parkplatz der Mautstraße.
Sehenswertes: Aussicht vom Planaigipfel (Panoramabild) und vom Krahbergzinken auf Dachstein, Ennstal und Tauern; Lehrwanderweg um die Planai, Almrauschblüte (erste Julihälfte), Ortsbild von Schladming.

Die vom alpinen Skisport bekannte Planai ist auch zur Wanderzeit ein vielbesuchtes Ziel. Eine Bahn und eine Mautstraße führen in die Nähe ihres Gipfels. **Bergstation – Planaigipfel:** In 20 Min. auf bequemem Wanderweg auf das

Spätherbst auf der Planai – links der Höchstein, rechts der Krahbergzinken.

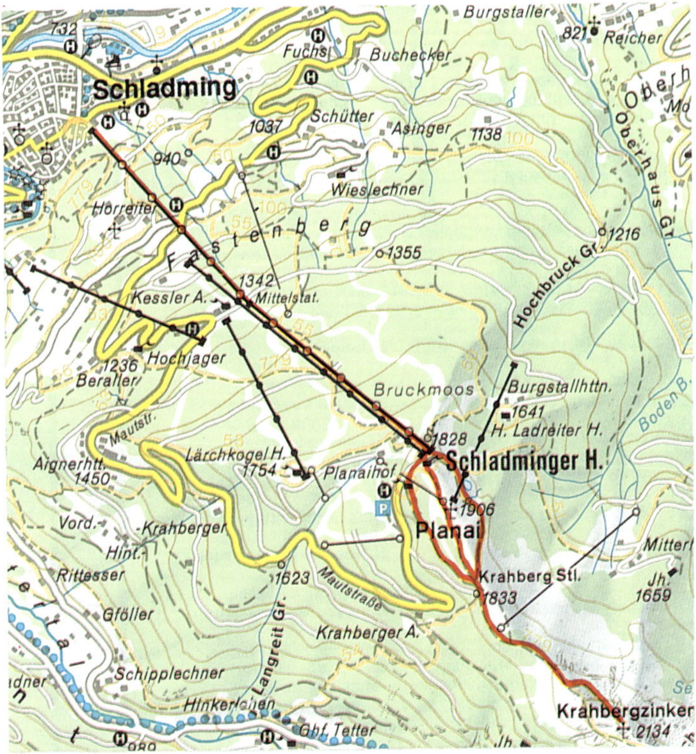

ausgedehnte Gipfelplateau der **Planai**. Auf gleicher Route zurück oder südwärts in den Krahbergsattel und auf einem Teil des Lehrpfades ost- oder westseitig zur Bergstation zurück (Ostseite sonnig, Westseite schattig).

Bergstation – Lehrwanderweg um den Planaigipfel: Von der **Schladminger Hütte** links zur freien Ostseite der Planai, auf einem Sträßchen (Schautafeln) zum **Krahbergsattel** im Süden queren und auf der bewaldeten Westseite zur Bergstation zurück.

Bergstation – Krahbergzinken: Auf dem Lehrwanderweg ostseitig zum **Krahbergsattel**, über den Nordwestrücken, dann auf der Westseite zum **Gipfel** (davor *drahtseilgesicherte* Platte).

Abstieg auf der Anstiegsroute zum Sattel, dann auf der Westseite (links) der Planai (2. Teil des Lehrpfades) zur Bergstation zurück.

26 Von der Hochwurzen zum Roßfeld, 1919 m

Leichte alpine Höhenwanderung auf Lehrpfaden

Hochwurzen – Kleine Wurzen – Hüttecksattel – Roßfeld – Hochwurzen

Talort: Schladming, 749 m
Ausgangspunkt: Hochwurzen-Parkplatz, ca. 1840 m, bzw. Hochwurzenhütte, 1882 m. Hochwurzen von Juli mit September mit Bus ab Schladming oder mit Kabinenbahn von Rohrmoos erreichbar. Außerdem führt eine Mautstraße (bis 13%) von Schladming über Rohrmoos zur Hochwurzen; sie ist jedoch nur dann für den Verkehr freigegeben, wenn der Lift bzw. Bus nicht in Betrieb ist.
Gehzeiten: Hochwurzen – Kleine Wurzen – Hüttecksattel 20 Min., Hüttecksattel – Roßfeld 40 Min., Roßfeld – Hochwurzen 1 Std.; Gesamtzeit knapp 2 Std.
Höhenunterschied: Insg. knapp 300 m.
Anforderungen: Leichte Wanderwege.
Einkehrmöglichkeit: Hochwurzenhütte (AV, bew. Juni bis Mitte Oktober, ca. 20 L. + B.)
Sehenswertes: Schladming (Talbachgasse mit Bruderhaus u.a.), Lehrpfad zum Roßfeld, Aussicht von den Gipfeln, bes. Hochwurzen: Goldberggruppe, Hochkönig, Tennengebirge, Dachstein, Tauern.
Variante: Wem der Wandervorschlag »Von der Hochwurzen zum Roßfeld« zu bescheiden erscheint, dem kann man empfehlen, über das Roßfeld südwärts zum Latterfußsattel und zur Ursprungalm zu wandern (Weg Nr. 60 und 771, ca. 4 Std.). Von der Ursprungalm (siehe Tour 33) kann man mit dem Bus nach Schladming zurückkehren (Juli mit September).

Der *»leichte alpine Wanderweg« Nr. 60* von der Hochwurzen zum Roßfeld ist nicht nur zur Alpenrosenblüte im Juli ein reizvolles Unterfangen, er kann während der ganzen Wandersaison empfohlen werden. Dabei kann man auf der unbedeutenden Kuppe der Kleinen Wurzen den Drachenfliegern beim Start zusehen und erhält auf dem Weg zum Roßfeld interessante Informationen über den Aufbau und die Eigenart des Bergwaldes. Zudem erreicht man dabei originelle Geländepunkte, vom »Predigtstuhl« bis zur »Liebeslaube«.

Blick über das Roßfeld zur Hochwurzen und zum Dachstein.

Die **Hochwurzen** mit der gleichnamigen Hütte erreicht man vom Parkplatz in wenigen Minuten, die Kabinenbahn dagegen kommt direkt dort an. Der Wanderweg führt in südlicher Richtung auf die latschenbewachsene Kuppe der **Kleinen Wurzen** und dahinter zum **Hüttecksattel** hinab. An der Weggabelung kurz vor diesem geht man geradeaus weiter. Durch lichten Zirbenwald und Alpenrosenfelder steigt man auf breitem Wanderweg zum Grasplateau des **Roßfeldes** an.
Auf dem Anstiegsweg zum Hüttecksattel zurück und dem Wegweiser »Parkplatz« folgend direkt zur **Hochwurzen** hinauf.

27 Untertal und Obertal

An rauschenden Bergwassern talwärts

Untertal: Riesachfälle – Weiße Wand – Waldhäuslalm – Tetter – Untertal/Ort – Schladming
Obertal: Hopfriesen/Tauerngold – Wehrhofalm – Bärnhofer – Obertal-West – Untertal/Ort – Schladming

Mit dem Bus kann man bequem von Schladming sowohl ins Untertal als auch ins Obertal reisen und dann zu Beginn eines Wanderurlaubs die Füße und den ganzen Organismus an die Belastung beim Wandern gewöhnen. Auch wenn die Schneelage dem Verlangen nach hohen Zielen noch deutliche Grenzen setzt, lohnt sich eine Wanderung in die von Schladming in die Tauern führenden Täler. Nicht nur bei den Riesachfällen und durch die Talbachklamm bestimmen rauschende Bergwasser die Szenerie auf der Untertal-Route. Im Obertal wandert man auf den jahrhundertealten Spuren der Bergknappen. Großartig öffnet sich das Tal zum Dachstein hin.

Rechts: Herbst im Untertal.
Unten: Frühling im Obertal.

Talort: Schladming, 749 m.
Ausgangspunkte: Untertal: Gasthaus Riesachfälle im Untertal, 1079 m. Anreise mit Bus von Schladming (Bushaltestellen am Bahnhof, Lendplatz oder in der Schulgasse) ins Untertal. Busverkehr von Juli mit September; auch mit PKW erreichbar. Obertal: Jausenstation Tauerngold in Hopfriesen, 1062 m. Anreise mit Bus von Schladming (Bushaltestelle am Bahnhof, Lendplatz oder in der Schulgasse). Busverkehr von Anfang Juli mit September; auch mit PKW mautfrei erreichbar.
Parkmöglichkeit in Schladming oder an den Ausgangspunkten.
Gehzeiten: Untertal: Ghs. Riesachfälle – Riesachfall und zurück ¾ Std., Ghs. Riesachfälle – Ghs. Weiße Wand – Waldhäuslalm – Ghs. Tetter 1¼ Std., Ghs. Tetter – Untertal/Dorf 1 Std., Untertal/Dorf – Schladming ½ Std.; Gesamtzeit 3½ Std. Obertal: Hopfriesen/Tauerngold – Ghs. Bärnhofer 1 Std., Ghs. Bärnhofer – Obertal-West – Untertal/Ort 1 Std., Untertal/Ort – Schladming ½ Std.; Gesamtzeit 2½ Std.
Höhenunterschied: Untertal etwa 200 m, Obertal kein Anstieg.
Anforderungen: Straßen und breite, bequeme Wanderwege, zumeist abwärts.
Höchste Punkte: Untertal: Riesachfälle, 1203 m. Obertal: Hopfriesen/Tauerngold, 1062 m.
Einkehrmöglichkeiten: Untertal: Gasth. Riesachfälle (bew. Juni bis Oktober), Weiße Wand, Waldhäuslalm (bew. Mai bis Oktober), Gasth. Tetter und Landauer. Obertal: Jausenstation Tauerngold (bew. Juni bis Ende September), Gasth. Bärnhofer, Steirerstubn und Landauer.
Sehenswertes: Untertal: Riesachfälle, Tetter Hochmoor, ferner: Talbachklamm, Stadtmuseum Schladming im Bruderhaus (Talbachgasse), alte Bergwerkshäuser. Obertal: Alte Bauernhäuser, Talöffnung des Obertales zum Dachstein, Annastollen in Bromriesen (Tel. 03687/22268).

Schladming
Kessler A.
Hochjager
Beraller
Bruckmoos
Lärchkogel H.
Planaihof
Planai
Aignerhtt.
Vord.-Krahberger
Hint.-Rittesser
Gföller
Krahberger A.
Schipplechner
Hinkerlehen
Ghf. Tetter
Untertal
Untertal B.
Angererhof
Wieser
Klocken-häusler
Ghf. Michlbauer
Klock
Gladner
Werkstatt
Mitterberg
Weißwandrinne
Hahnkamp
Stangelrinne
Langreit Gr.
Hofbauer A.
Lettmaiereck
Roßkopf
Kahrberg
Rabensteinwand
Obertal
Bärnhoferwirt
Silberstein Bg.
Krügerzinken
Steinkarzinken
Silberstein A.
Lettmaierkar A.
Seekar A.
Steinkar
Berstenhof Bg.
Patzenalm B.
Obertal B.
Patzen A.
Steinacher
Bärnriesen
Bärnriesen Bg.
Postlehen
Jausenstat. Wehrhof A.
Seekarzinken
Seekar S.
Herzmaier A.
Seekar Sch.
Höllenstein A.
Sonntagkarzinken
Sonntagkar Sch.
Herzmaierkar
Melcher Sp.
Hollerkar
Hopfriesen
Fenzengwand
Ghf. Tauerngold
Brechel Sp.
Mautstr.
Mautstraße

Von den Riesachfällen durchs Untertal nach Schladming:
Ehe man nach Schladming hinauswandert, sollte man von der Bushaltestelle bei den **Riesachfällen** zu diesen hinaufsteigen. Wo sich der Riesachbach anschickt, über die erste Felswand zu stürzen, kann man auf einem Steg den Wasserlauf überqueren und bald dahinter eine Forststraße erreichen, die den Weg ins Tal weist. Auf einer Sandstraße geht es nahezu eben über das urige **Gasthaus »Weiße Wand«** und die **Waldhäuslalm** (Kneippanlage, zwei kleine Seen) zu dem auf einer Geländeschwelle liegenden **Gasthof Tetter** hinaus. Vom Kinderspielplatz beim Tetter gewinnt man einen guten Überblick über das Hochmoor im Süden. Im alten Haus hat einst Erzherzog Johann von Österreich bei seiner Hochgolling-Besteigung im August 1817 genächtigt. Auf der Asphaltstraße wandert man noch ca. 200 m talwärts und zweigt dann rechts zum *Heinrich-Baumann-Weg* ab, der um einen bewaldeten Rücken herumführt und dahinter wieder die Straße erreicht. Auf derselben geht es hinter einer Senke noch bis zu einem Bauer hinauf, dann links über Wiesen nach **Untertal**. Am Feuerwehrhaus und Kriegerdenkmal vorbei wandert man entlang des schäumenden Talbaches durch die romantische Klamm nach **Schladming** hinab.

Von Hopfriesen/Tauerngold über Obertal-West nach Schladming:
Von der Jausenstation **Tauerngold** am kürzesten auf dem Sandsträßchen zur **Wehrhofalm** (kleiner See). Dort über den Bach und zuerst auf seinem linken, später wieder auf dem rechten Ufer zum **Gasthaus Bärnhofer** hinaus. Etwa 100 m auf der Asphaltstraße weiter, dann erneut aufs linke Bachufer und genußvoll entlang des rauschenden Wassers, über Weiden, an Heuhütten und alten Bauernhöfen vorbei nach **Obertal-West**. Hier baut sich immer deutlicher die Dachstein-Kulisse vor dem Wanderer auf. Unmittelbar vor der Einmündung der Westroute in die nach Schladming führende Hauptstraße steigt man rechts zur großen Brücke in **Untertal** hinab und wandert am Feuerwehrhaus und Kriegerdenkmal vorbei durch die Talbachklamm nach **Schladming** hinab.

Die Tour 27 wird meist auf zwei Tage verteilt bzw. im Dorf Untertal zur Anreise ins andere Tal unterbrochen; sie eignet sich auch als Radwanderung (Fahrverbot in der Talbachklamm!).

28 Preintaler Hütte, 1657 m

Stürzende Wasser, ein Bergsee und eine betriebsame Hütte

Untertal/Gasthaus »Riesachfälle« – Riesachsee – Preintaler Hütte und zurück

Talort: Schladming, 749 m.
Ausgangspunkt: Gasthaus »Riesachfälle« im Untertal, 1080 m (Parkmöglichkeit), Anreise über Schladming (14 km).
Gehzeiten: Parkplatz – Riesachsee 1 Std., Riesachsee – Preintaler Hütte 1½ Std., Rückweg 2 Std.; Gesamtzeit 4½ Std.
Höhenunterschied: 600 m.
Anforderungen: Forststräßchen und Wanderwege.
Einkehrmöglichkeiten: Gasthaus »Riesachfälle«, Preintaler Hütte (Alpine Gesellschaft »Preintaler«, ca. 130 L. + B., bew. von Mitte Juni bis Ende Sept., Tel. 03687/61397), Gföleralm (Tel. 0663/36175).
Sehenswertes: Riesachfälle, Riesachsee, mehrere kleine Wasserfälle am Hüttenweg, Almboden hinter Preintaler Hütte.
Variante: Sehr lohnender Abstecher zu den Sonntagskarseen auf Weg Nr. 784 (S. »blau« bis »rot«, 1½ Std. von der Hütte zum oberen See).

Die landschaftlichen Höhepunkte auf der Wanderung zur Preintaler Hütte liegen nicht nur in der unteren Hälfte, entlang der Riesachfälle und des Riesachsees. Immer lohnt sich ein Tagesausflug zur Preintaler Hütte, die sich auf dem Boden der Waldhornalm an eine Bergflanke lehnt. Ebenso wie die Gollinghütte gewinnt sie als Stützpunkt für längere Bergfahrten, in diesem Fall für eine Besteigung der anspruchsvollen Hochwildstelle und des Waldhorns sowie eine Durchquerung des Klafferkessels (siehe dazu Tour 29), besondere Bedeutung. Da sich an der Hütte bzw. in ihrer Nähe mehrere Wege kreuzen, zählt sie zu den wichtigsten Bergsteigerunterkünften in den Schladminger Tauern, was besonders in der hohen Zahl der Schlafplätze zum Ausdruck kommt. Eine betriebsame und gutgeführte Hütte!

Preintaler Hütte (Mitte) und Waldhornalm (rechts).

Die aus dem **Untertal** zur Oberen Gfölleralm führende, für den Verkehr gesperrte Straße wurde zwischenzeitlich bis zum Materialaufzug der Preintaler Hütte verlängert. Auf diesem Fahrweg oder – viel schöner! – auf dem Steig rechts des zweistufigen Wasserfalls durch den Wald empor. Dieser und die dunklen Felsen stehen zur Gischt der stürzenden Wasser in Kontrast und verleihen einen besonderen Zauber. Oberhalb des Wasserfalles auf einem Holzsteg über den Bach und durch den Wald zur Straße. Entlang dieser über die **Gfölleralm** zum **Riesachsee**, an weiteren drei Almen vorbei zum Materialaufzug bei der Kotalm und über eine schattige, feuchte, felsdurchsetzte Stufe auf breit ausgetretenem Trampelpfad (Nr. 777) zur **Preintaler Hütte**. Kleine Wasserfälle lenken Aug und Ohr auf sich.
Der **Abstieg** benutzt die Anstiegsroute.

29 Klafferkessel

Im Naturwunder der Schladminger Tauern

Preintaler Hütte – Klafferkessel und zurück

Talort: Schladming, 749 m.

Ausgangspunkt: Preintaler Hütte, 1657 m. Zugang wie Tour 28. Parkmöglichkeit beim Gasthaus Riesachfälle im Untertal, erreichbar über Schladming mit Bus oder Pkw (ca. 14 km).

Gehzeiten: Preintaler Hütte – Untere Klafferscharte 2 Std., Untere Klafferscharte – Oberer Klaffersee (evtl. Klafferkogel) ½ (¾) Std., Klafferkessel – Preintaler Hütte 2 Std.; Gesamtzeit 4 – 5 Std.

Höhenunterschied: Insgesamt ca. 800 m (kleine Gegenanstiege).

Anforderungen: Gut markierte Wanderwege; kleine brüchige Steilstufe vor der Unteren Klafferscharte (hier Trittsicherheit erforderlich).

Höchste Punkte: Klafferkogel, 2378 m; Oberer Klaffersee, 2311 m.

Einkehrmöglichkeit: Preintaler Hütte, 1657 m (Alpine Ges. »Preintaler«, bew. Mitte Juni bis Ende September, 120 L. + 10 B., Tel. 03687/61397). Keine Einkehrmöglichkeit auf der Tour.

Sehenswertes: Klafferkessel, Alpenrosenblüte im Lämmerkar (Juli).

Varianten: Der trainierte Bergwanderer kann die Tour in den Klafferkessel vom Gasthaus Riesachfälle über die Preintaler Hütte (ca. 1250 Hm, Gesamtzeit ca. 8 Std.) auch an 1 Tag (Touren Nr. 28 + 29) durchführen oder als Ausgangspunkt die Gollinghütte nehmen (Tour 30 und Tour 24/4. Tagesetappe) und den Klafferkessel nach Überschreitung des Greifenberges (ca. 1000 Hm, 2½ bis 3 Std. ab Gollinghütte) genußvoll im Abstieg durchwandern. Eine vorherige Nächtigung auf einer der beiden Hütten ist jedoch zu empfehlen, um sich genügend Zeit zu lassen und den Zauber des Klafferkessels auch genießen zu können.

Im Klafferkessel Mitte Juli.

Eine Wanderung in den Klafferkessel, dieses Naturwunder aus der Eiszeit, zählt zu den schönsten Vorschlägen dieses Führers, sie erfordert allerdings stellenweise Trittsicherheit und ausreichende Sichtverhältnisse. Wer den Klafferkessel durchstreift, sollte eine Grundregel der »Schwammerlsucher« beherzigen: Langsam gehen – schnell schauen. Ein Gang durch dieses Gewirr von Seen und Tümpeln, unregelmäßig verstreut, in mehreren Stockwerken angelegt, mancher von ihnen lange vom Eis bedeckt, mit unterschiedlicher Färbung und interessanten Spiegelungen, in steiniger Öde gelegen oder grün und blumig eingesäumt, ist immer ein Erlebnis. Der Kessel ändert sein Gesicht vom Beginn bis zum Ende der Wandersaison laufend. Man beachte, daß sich die Seen meist erst ab Mitte Juli allmählich vom Schnee und Eis befreien.
Gleich hinter der **Preintaler Hütte** (Ww. »702 Klafferkessel«) über einen Wiesenhang auf eine Schulter, rechts auf den Bach zu, der den Weg zu einer Talverengung weist, die das Äußere vom Inneren **Lämmerkar** trennt. Serpentinen führen über eine Rippe nach rechts auf einen Absatz, ehe der Pfad durch ein Blockkar und zuletzt über eine kurze, brüchige Steilstufe die **Untere Klafferscharte** betritt. Windungsreich und über kleine Geländeschwellen – Markierungen beachten! – geht es zum **Oberen Klaffersee**. Bei gutem Orientierungssinn kann man rechts (weglos!) auf den unbedeutenden **Klafferkogel** steigen. Auf der Anstiegsroute zur Preintaler Hütte zurück.

30 Gollinghütte, 1641 m

»In einem der schönsten Talschlüsse Österreichs«

Untertal/Gasthaus »Riesachfälle« – Gollinghütte und zurück

Talort: Schladming, 749 m.
Ausgangspunkt: Gasthaus »Riesachfälle« im Untertal, 1080 m (Parkmöglichkeit), erreichbar über Schladming (14 km).
Gehzeiten: Parkplatz – Gollinghütte gut 2 Std., Rückweg 1½ Std.; Gesamtzeit 3½ Std.
Höhenunterschied: Etwa 600 m.
Anforderungen: Wanderwege und Almsträßchen.
Einkehrmöglichkeiten: Gasthaus »Riesachfälle« am Ausgangspunkt, Gollinghütte (Alpine Ges. »Preintaler«, 90 L. + B., bew. von Mitte Juni bis Ende September, Tel. 03687/61350).
Sehenswertes: Riesachfälle am Ausgangspunkt, Gollingwinkel oberhalb der Hütte, Steinriesental mit Wasserfall.

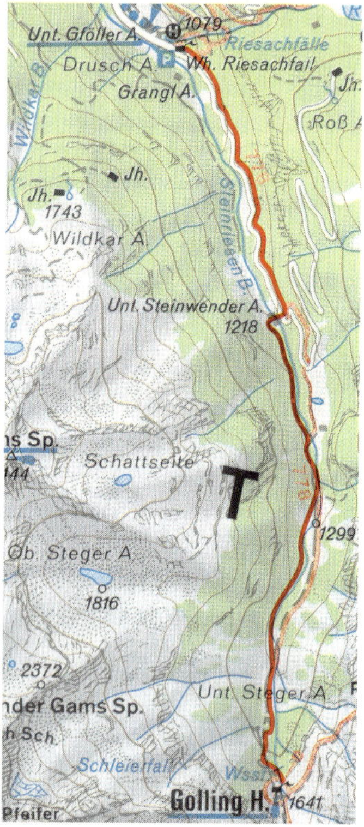

Die Gollinghütte steht am Eingang in den düsteren Gollingwinkel, den Peter Holl im Alpenvereinsführer als »einen der schönsten Talschlüsse Österreichs« bezeichnet. Den Kessel des Hochtales schirmt nach Süden, also zur Sonne hin, die 1200 m hohe Nordwand des höchsten Berges der Schladminger und der gesamten Niederen Tauern, des Hochgolling, ab. Die Hütte steht auf einer Steilstufe über dem Steinriesental. Nach fast allen Seiten hin ist der Blick stark eingeengt, da sich rundherum die Berge in die Höhe türmen. Die Bedeutung der Bergsteigerunterkunft liegt darin, daß sie sowohl den Zustieg zum Hochgolling (Tour 31) als auch eine Durchquerung des großartigen Klafferkessels (Touren 24/29) entschärft. Darüberhinaus wird sie gerne von Tagesgästen besucht und ist ein willkommener Stützpunkt am Tauernhöhenweg.

Vom **Untertal** auf einem Sträßchen (Weg Nr. 778) im Talgrund des Steinriesenbaches ohne nennenswerte Steigung zueiner Straßengabelung. Hier geht

es geradeaus weiter und kurz darauf rechts über den Bach (**Untere Steinwenderalm**). Das Sträßchen endet beim Materialaufzug der **Gollinghütte**, auf der Höhe eines Wasserfalles. Auf einem breit ausgetretenen Weg überwindet man in Serpentinen das letzte Hindernis vor der Hütte. Entlang des *Zentralalpenweges* (Nr. 702) und des hier gleichverlaufenden *Steirischen Landesrundwanderweges* (STLRWW) kann man noch unschwierig in den eigentlichen **Gollingwinkel** hinaufwandern (ca. ¼ Std. ab Hütte).
Der **Abstieg** von der Hütte zum Parkplatz erfolgt am Anstiegsweg.

An der Gollinghütte.

31 Hochgolling, 2862 m

Zum höchsten Gipfel der Niederen Tauern

Gollinghütte – Gollingscharte – Hochgolling und zurück

Talort: Schladming, 749 m.
Ausgangspunkt: Gollinghütte, 1641 m. Zugang über Gasthaus Riesachfälle im Untertal (siehe Tour 30). Parkmöglichkeit vor dem Gasthaus.
Gehzeiten: Gollinghütte – Gollingscharte 2 Std., Gollingscharte – Hochgolling 2 Std., Hochgolling – Gollinghütte 3 Std.,; Gesamtzeit 6 – 7 Std.
Höhenunterschied: 1200 m.
Anforderungen: Festes Schuhwerk und Ausdauer sowie Bergerfahrung und Trittsicherheit im brüchigen Steilgelände erforderlich. Nicht bei Vereisung!
Einkehrmöglichkeit: Gollinghütte, 1641 m (Alpine Ges. »Preintaler«, bew. Mitte Juni bis Ende Sept., über 80 L. + B., Tel. 03687/61350). Keine Einkehrmöglichkeit auf der langen Tour!
Sehenswertes: Gollingwinkel, Panorama vom Hochgolling: Julische Alpen, Nockberge, Niedere und Hohe Tauern (Hochalmspitze, Ankogel, Großglockner, ...), Hochkönig, Dachstein, Totes Gebirge und Ennstaler Alpen.

Der Hochgolling, der höchste Gipfel der Niederen Tauern, wurde bereits 200 Jahre vor Drucklegung der ersten Auflage dieses Wanderführers, im August 1791 bestiegen. Eine Gedenktafel am Gipfel erinnert auch an den Erzherzog Johann von Österreich, der 1817 den Gipfel erreichte. Der »Historische Weg« durch die leider recht brüchige Westflanke und die von diesem abzweigende Route über den Nordwestgrat (II) sind heute die meistbegangenen Anstiegswege. Weit reicht das Auge an klaren Tagen von dieser hohen Warte, die ihre Nachbarn um mehr als 100 m überragt.

Von der **Gollinghütte** den Bach entlang in den flachen Boden des **Gollingwinkel**. Der Weg wendet sich nun den Hängen zur Rechten zu, überschreitet den Bach und gewinnt schließlich über ein grasdurchsetztes Blockkar die **Gollingscharte**, die den Blick in den Göriachwinkel, zu den Landawirseen und zur gleichnamigen Hütte freigibt.

Der Steig schwenkt nun nach links in die Nordwestflanke, passiert dabei eine mit *Eisenstiften* versehene Platte, erreicht um zwei Ecken herum die Westflanke und gewinnt im Bereich einer Geländekante (gr. Steinmann) rasch an Höhe. Nach Überwindung einer kleinen *Felsstufe* quert er weiter in die Westflanke hinein und trifft 300 Hm über der Gollingscharte auf eine Wegga-

Am Hochgolling – in der Ferne rechts der Dachstein.

belung. Links: *»Nordwestgrat. Nur für Geübte«* – Rechts: *»Historischer Weg, Normalanstieg 778«*. Die Route über den **Grat** erreicht über eine gutgestufte Kante eine kleine Schulter (Steinmann), dann den Vorgipfel, hält sich danach an eine ziemlich waagrechte, zackenbesetzte Schneid, ehe sich hinter einer Scharte der durchwegs meist gutartige Fels steiler aufstellt *(kurze Kletterstellen, II)*, um auf den letzten Metern zusammen mit dem »Historischen Weg« das **Gipfelkreuz** zu erreichen. Der **Normalanstieg** durch die Westflanke findet durch zahlreiche Quergänge auf schotterigen Bändern, die mehrfach von kleinen, z. T. *gesicherten Felsstufen* unterbrochen sind, sein hohes Ziel. Beide Routen sind markiert, die technischen Schwierigkeiten am Nordwestgrat sind größer.
Der **Abstieg** erfolgt gewöhnlich am Normalweg.

32 Duisitzsee und Neualm

Rauschende Wasser und ein kristallklarer Bergsee

Eschachalm – Duisitzsee – Neualm – Eschachalm

Talort: Schladming, 749 m.
Ausgangspunkt: Eschachalm im Obertal, 1213 m (Parkmöglichkeit), Zufahrt über Schladming.
Gehzeiten: Eschachalm – Duisitzkarhütte 1½ Std., Duisitzsee – Neualm 1½ Std., Neualm – Eschachalm 1 Std.; Gesamtzeit knapp 4 Std.
Höhenunterschied: Gut 600 m.
Anforderungen: Wanderwege und Almsträßchen.
Höchster Punkt: Ca. 1760 m im Kleinen Stierkar.
Einkehrmöglichkeit: Duisitzkarhütte, 1648 m (Jausenstation, bew. Mitte Juni bis Anfang Oktober).
Sehenswertes: Der Duisitzsee und seine Bergumrahmung, Obertalbach und Neualm.

Der besondere Reiz der Wanderung zum Duisitzsee im gleichnamigen Kar und zur Neualm am Obertalbach liegt wohl darin, daß neben dem Auge auch das Ohr in besonderer Weise angesprochen wird. Wenn im Frühsommer die Schmelzwasser den Kessel des Duisitzkares mit mächtigem Rauschen erfüllen und den glasklaren, dunkelgrünen Bergsee speisen, dann lohnt es sich, an dessen Nordufer auf dem Weg zur Ignaz-Mattis-Hütte noch bis zu den ausgedehnten, in voller Blüte stehenden Alpenrosenfeldern hinaufzuwandern oder am Ostufer des Sees in den hinteren Karkessel zu bummeln und die Sinneseindrücke voll zu genießen, in den sonnigen Tag hineinzuträumen und sich von den im Seespiegel reflektierten Sonnenstrahlen blenden zu lassen.
Von der **Eschachalm** dem Rauschen eines im Wald versteckten Wasserfalles westwärts folgen, rechts von diesem (Weg Nr. 775) abwechselnd durch Wald und über größere Lichtungen, an den **Saghütten** vorbei, den Materialaufzug der Duisitzkarhütte wiederholt im Auge, auf einen Sattel und dahinter zum **Duisitzsee**, in dem sich die umliegenden Berge spiegeln. Links an einigen Hütten mit Brunnen vorbei zur bescheidenen, gastlichen Einkehr.

Am Nordostufer des Sees über dessen Auslauf hinweg und ostseitig im Auf und Ab um einen bewaldeten Bergrücken in das **Kleine Stierkar** zum höchsten Punkt der Wanderung. Südwärts weiter zur **Neualm**, wo man jenseits des Steges auf ein Forststräßchen trifft. Bergwärts führt dieses weiter zur Keinprechthütte (1872 m, ¾ Std.), talwärts folgt man ihm durch den Wald und entlang des rauschenden Obertalbaches zum Parkplatz an der **Eschachalm**.

Am Duisitzsee.

33 Von der Ursprungalm zu den Giglachseen

An den Ufern zweier prächtiger Bergseen

Ursprungalm – Preuneggsattel – Ignaz-Mattis-Hütte – Seerundweg – Giglachseehütte – Ursprungalm

Talort: Pichl, 799 m.
Ausgangspunkt: Ursprungalm, 1604 m (Parkmöglichkeit). Von der Ennstal-Bundesstraße bei Pichl 14 km südwärts in das Preuneggtal, davon 8 km Mautstraße. Taxi-/Busverbindung von Schladming zur Ursprungalm (BB-Linie 8606, Juli mit Sept.).
Gehzeiten: Ursprungalm – Preuneggsattel – Ignaz-Mattis-Hütte 1½ Std., Ignaz-Mattis-Hütte – Seerundweg – Giglachseehütte/Preuneggsattel 1 Std., Preuneggsattel – Ursprungalm gut ½ Std.; Gesamtgehzeit 3 Std.
Höhenunterschied: Etwa 500 m (Seerundweg), ansonsten knapp 400 m.
Anforderungen: Breite, unschwierige Wanderwege.
Höchster Punkt: Mattis-Hütte, 1986 m.
Einkehrmöglichkeiten: Ursprungalm, Giglachseehütte, Ignaz-Mattis-Hütte (AV-Hütte, 80 B. + L., bew. Mitte Juni bis Anfang Oktober, Tel. 03687/61262).
Sehenswertes: Bergkessel der Ursprungalm, Giglachseen.

Varianten: 1. Von der Hütte auf Weg Nr. 773 zum Brettersee, dahinter zum Sattel und links weglos (Steindaubenmarkierung) zur Kampspitze, 2390 m, Schwierigkeit rot, 1½ Std. ab Hütte.
2. Sehr interessanter, stellenweise auch luftiger Stollenlehrpfad in mittelalterlichen Bergwerksanlagen um Vötternspitzen und Zinkwand unter sachkundiger Führung (vorherige Anmeldung bei Franz Pilz, Tel. 03687/61489 oder über das Verkehrsamt Schladming, Tel. 03687/222680), Dauer ca. 10 Std. ab Ursprungalm bzw. Ignaz-Mattis-Hütte, warme Kleidung, Helm und Stirnlampe erforderlich, Schwierigkeit schwarz! Führerlose sollten vor Durchquerung der Zinkwand (¼ Std. in völliger Dunkelheit!) deren Begehbarkeit erfragen. Im Bereich der Vötternscharte sind z.T. nur Pfadspuren und Steindauben, der Zustieg zur Zinkwand erfolgt auf der SW-Seite über luftige Leitern und Seilgeländer, der NO-Ausgang ist lange durch Altschnee behindert.

Die Ignaz-Mattis-Hütte mit den beiden Giglachseen (links) und der Lungauer Kalkspitze im Hintergrund.

Die in einem großartigen Kessel gelegene, vielbesuchte kleine Siedlung der Ursprungalm hatte bei den Dreharbeiten des bekannten Heidi-Filmes 1986 die Funktion von »Heidis Dörfli« zu erfüllen. Den Wanderer locken neben der reizvollen Alm die um eine Etage höher gelegenen zwei Giglachseen, über deren Ufern sich die Giglachseehütte und die Ignaz-Mattis-Hütte einen interessanten Standplatz gewählt haben.
Vom Parkplatz in wenigen Minuten zur **Ursprungalm**, dann auf breitem Wanderweg Nr. 771 in gleichmäßiger Steigung entlang eines Bachgrabens in ein Trogtal und zuletzt etwas flacher auf den **Preuneggsattel**, hinter dem die **Giglachseehütte** steht. Zweigt man am Sattel links ab, so erreicht man auf windungsreichem Weg über einige Bodenwellen die über dem Nordufer des Unteren (großen) Giglachsees gelegene **Ignaz-Mattis-Hütte**. Wer es eilig hat, kehrt auf der Anstiegsroute wieder zur Ursprungalm zurück. Genußreicher, wenn auch etwas länger, gestaltet sich der **Seerundweg** (guter Überblick von der Mattis-Hütte). Man steigt zuerst nordostwärts zur **Knappenhütte** am Auslauf des Sees ab und wandert auf einem Sträßchen an dessen Südufer entlang zu einer Hütte am Westufer, umrundet den größeren See also im Uhrzeigersinn. Zwischen den beiden Seen hindurch geht es wieder zum Preuneggsattel hinauf, wo sich die Runde schließt und man den bekannten Weg zurück zur Ursprungalm einschlägt.

34 Lungauer Kalkspitze, 2471 m und Steirische Kalkspitze, 2459 m

Ungleiche Zwillinge

Ursprungalm – Preuneggsattel – Znachsattel – Ahkarscharte – Lungauer Kalkspitze – Steirische Kalkspitze – Ahkarscharte und zurück

Talort: Pichl, 799 m.
Ausgangspunkt: Ursprungalm, 1604 m (Parkmöglichkeit). Auf Mautstraße aus dem Ennstal (Pichl) erreichbar (siehe Tour 33).
Gehzeiten: Ursprungalm – Preuneggsattel 1 Std., Preuneggsattel – Ahkarscharte 1 Std., Ahkarscharte – Lungauer Kalkspitze ½ Std., Ahkarscharte – Steirische Kalkspitze ½ Std. (von Gipfel zu Gipfel ¾ Std.), Ahkarscharte – Ursprungalm 1½ Std.; Gesamtzeit (beide Gipfel) 5 Std.
Höhenunterschied: Etwa 850 m.
Anforderungen: Markierte Wege. Am Südgrat der Steirischen Kalkspitze erfordert ein kurzes Stück Trittsicherheit. Anstieg zur Lungauer Kalkspitze ist leichter.
Einkehrmöglichkeiten: Ursprungalm, Giglachseehütte (bew. von Anfang Juni bis Anfang Oktober), evtl. Oberhütte.
Sehenswertes: Kessel um die Ursprungalm, Giglachseen, Aussicht von den beiden Kalkspitzen, besonders von der Steir. Kalkspitze auf Dachstein, Totes Gebirge, Tauern, Tiefblick ins Preuneggtal.
Variante: Ausdauernde und trittsichere (!) Wanderer seien auf die Möglichkeit einer Rundtour hingewiesen: Ahkarscharte – westlicher Abstieg zum Oberhüttensee (Oberhütte) – recht mühsamer, steiler und etwas spärlich markierter Anstieg zum Brotrinnl (gut 200 Hm) – unschwieriger Abstieg zur Ursprungalm (zusätzlicher Zeitaufwand für die Rundtour ca. 1 Std.).

Steirische Kalkspitze (links) und Lungauer Kalkspitze (über dem Oberhüttensattel).

Meist erst im Juli sind die Wege auf die Kalkspitzen schneefrei und für den Wanderer gut begehbar. Die etwas niedrigere Steirische Kalkspitze ist nicht nur formschöner und »sportlicher«, sie bietet auch die schönere Aussicht und stellt das beherrschende Felsbollwerk über der Ursprungalm dar.

Auf der Straße in wenigen Minuten zur **Ursprungalm**, dann auf breitem, gutem Wanderweg (Nr. 771) zum **Preuneggsattel** (siehe auch Tour 33) und zur nahegelegenen, privaten **Giglachseehütte**. In südlicher Richtung auf dem gleichen Weg in angenehmer Steigung zum **Znachsattel**, wo der Zentralalpenweg (Nr. 702) kreuzt. Diesem folgt man nach rechts zuerst in westlicher Richtung über einen gestuften Rücken, dann in nordwestlicher Richtung ziemlich flach in die **Ahkarscharte**, die beide Kalkspitzen verbindet.

Der linke Pfad führt zuerst über einen etwas brüchigen Rücken, dann am flachen Grat entlang problemlos zur **Lungauer Kalkspitze**. Der rechte Weg wendet sich dem Südgrat der **Steirischen Kalkspitze** zu, der noch im unteren Drittel aufsteilt (schwierigste Passage), bald aber wieder leichter wird und sich kurz vor dem Gipfel zu einem kurzen Felsgrat verjüngt (siehe Foto Seite 9). Die Route ist schwieriger, aber auch reizvoller als die zur Lungauer Kalkspitze. Als **Abstieg** zur Ursprungalm wählt man gewöhnlich die Anstiegsroute.

35 Gasselhöhe, 2001 m, Rippetegg, 2126 m, Schober 2133 m, Gasselseen

Glanzpunkte ersten Ranges

Reiteralm bzw. Bergstation – Gasselhöhe – Rippetegg – Obere Gasselseen – (Schober –) Mittersee – (Untere Gasselseen –) Reiteralm

Talort: Pichl im Ennstal, 799 m (für PKW); Gleiming, ca. 800 m (für die Bergbahn).
Ausgangspunkte: 1. Eiskarhütte, ca. 1700 m. 2. Reiteralm, 1741 m (beide über 13 km Mautstraße von Pichl/Ennstal erreichbar, Parkmöglichkeit). 3. Bergstation des Lifts von Gleiming, ca. 1850 m (verkehrt in den Sommermonaten nur an bestimmten Tagen, 2 Sektionen, Kabinen- und Sesselbahn).
Gehzeiten: Reiteralm – Gasselhöhe 1 Std., (Bergstation – Gasselhöhe ½ Std.), Gasselhöhe – Rippetegg 1 Std., Rippetegg – Obere Gasselseen 20 Min., Obere Gasselseen – Schoberspitz und zurück 1 Std., Obersee – Mittersee 10 Min., Mittersee – Reiteralm ¾ Std., Mittersee über Unterseen zur Reiteralm 1¼ Std., Reiteralm – Bergstation ½ Std.; Gesamtzeit 3½ Std. (ohne Schober und ohne Unterseen), 5 Std. (mit Schober und Unterseen).
Höhenunterschied: Etwa 500 m (mit Schober 700 m).
Anforderungen: Leichte Wanderung zur Gasselhöhe. Trittsicherheit ist erforderlich kurz unter dem Rippetegg-Gipfel, beim Abstieg zum Obersee, am Schober und auf kurzen Passagen vom Mittersee zur Reiteralm (eine Drahtseilstelle).
Einkehrmöglichkeiten: Reiteralmhütte (ganzjährig bew., 20 L. mit fl. Wasser, Tel. 0663/837607), Gasselhöh'-Hütte und Eiskarhütte (bew. Mitte Juni bis Anfang Oktober).
Sehenswertes: Panorama von den Gipfeln (Dachstein, Ennstaler Alpen, Hochgolling, Großglockner, Hochkönig, Tennengebirge, Ennstal), Gasselseen (Dachsteinspiegelung im Mittersee).

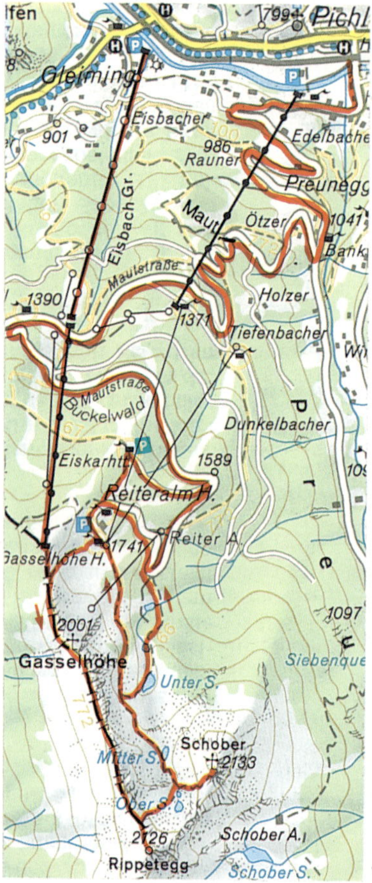

Dachsteinspiegelung im Mittleren Gasselsee.

Das Wandergebiet um die Reiteralm und Gasselhöhe liegt dem Dachstein-Dreigestirn (Torstein, Mitterspitz, Hoher Dachstein) direkt gegenüber. Dazu kommt noch der sich in drei Etagen aufbauende, von Gasselhöhe, Rippetegg und Schober eingerahmte Kessel mit den fünf Gasselseen, von denen der Mittersee die berühmte Dachstein-Kulisse spiegelt. Ein landschaftlicher Glanzpunkt ersten Ranges im ganzen Alpenraum!
Sowohl von der **Eiskarhütte** als auch von der **Reiteralm** zuerst bis vor die **Gasselhöh'-Hütte**, wo rechts ein Steig abzweigt, der auf die Kammhöhe und zur Bergstation führt. Am breiten Rücken südwärts weiter zur **Gasselhöhe** (siehe Foto Seite 15). Auf dem aussichtsreichen Kamm (reizvoller Tiefblick zu den Seen) ohne besonderen Höhenunterschied südwärts auf das gut sichtbare Rippetegg zu. Unmittelbar vor der Grube unter dessen Gipfelaufbau zweigt links der Steig zu den Gasselseen ab. Es lohnt sich, in 10 Min. das **Rippetegg** zu besteigen (eine mühsame Stelle). Zur Abzweigung zurück und ostwärts steil zu den beiden oberen **Gasselseen** (Obersee) hinab.
An der nördlichen Geländeschwelle des kleinen Sees (Titelbild) zweigt ostwärts der Steig zum **Schober** ab, den man im wesentlichen über seine Westflanke erreicht. Man kehrt zum **Obersee** wieder zurück und steigt nordwärts zum großartigen **Mittersee** (Spiegelung) ab. Am linken Ufer entlang, dann über eine kleine Geländestufe hinab, wo rechts der wenig ausgeprägte Steig (Abzweigung sehr leicht zu übersehen!) zu den unteren Seen ansetzt. Von dort nordwärts zur Straße und zur **Reiteralm** hinauf. Der direkte Weg zur Reiteralm führt oberhalb der Seen am Hang entlang und passiert dabei eine *Drahtseilpassage*. Von der Reiteralm ggf. zur Bergstation hinauf bzw. zur Eiskarhütte hinab.

36 Oberhüttensee – Seekarscharte – Klamml

Zauberhafte Bäche, Seen und eine gemütliche Hütte

Vögeialm – Oberhütte/Oberhüttensee – Seekarscharte – Vögeialm

Talort: Forstau, 923 m.
Ausgangspunkt: Vögeialm, 1383 m im Forstautal (Parkmöglichkeit). Zufahrt über Radstadt/Gleiming im Ennstal – Forstau; von hier 11 km zur Vögeialm. Zuletzt Privatstr. (gebührenfrei, auf eigene Gefahr).
Gehzeiten: Vögeialm – Oberhütte am Oberhüttensee 1½ Std., Oberhütte – Seekarscharte 1½ Std., Seekarscharte – Vögeialm 1 Std.; Gesamtzeit 4 Std.
Höhenunterschied: 500 m bis Oberhütte, gut 700 m übers Klamml.
Anforderungen: Problemlose Wanderwege bis Oberhütte. Übers Klamml stellenweise Trittsicherheit erforderlich.
Höchster Punkt: Sattel zwischen Sonntagkarhöhe und Roßkogel, ca. 2100 m.
Einkehrmöglichkeiten: Vögeialm (bew. Juni mit Oktober), Oberhütte am Oberhüttensee (bew. Ende Juni bis Ende September, 30 B. + L.)
Sehenswertes: Reizvolle Landschaftsbilder entlang dreier Bachläufe; Oberhüttensee, Klamml.

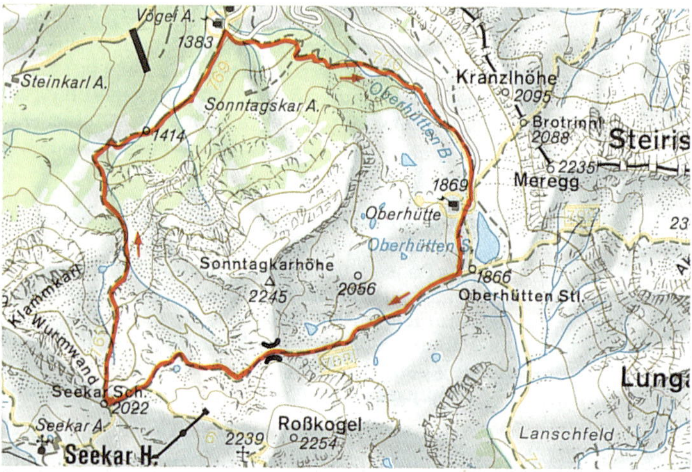

Die Wanderung von der Vögeialm im obersten Forstautal zur gemütlichen Oberhütte am gleichnamigen See, die im Kreuzungspunkt einer Nord-Süd- und Ost-West-Transversale der Schladminger Tauern liegt, prägt in besonderer Weise der Oberhüttenbach. Es lohnt sich, vom Oberhüttensee zur Seekarscharte weiterzuwandern und über das Klamml zur Vögeialm abzusteigen. Auf dieser Rundtour wird zwar kein Gipfel erreicht, doch der Abstieg durchs Klamml und der Anblick des in viele Schaumäderchen verästelten Wasserfal-

Abstieg durchs Klamml mit Blick auf den Dachstein.

les – besonders schön in der Nachmittagssonne – ist ein Erlebnis. Die einfachere Route führt von der Oberhütte wieder zur Vögeialm zurück.
Links von der **Vögeialm** entlang eines Almsträßchens (Ww. Nr. 770) auf einen Boden hinauf, dort rechts abzweigen, durch den Wald, dann kurz auf der Forststraße und wieder durch den Wald zu einem Steg, der auf eine Märchenwiese (riesige Trollblumenfelder Ende Juni/Anfang Juli) hinausführt. Links des Oberhüttenbaches zum **Oberhüttensee** und zur Schutzhütte. Entweder zur Vögeialm zurück oder rechts des Sees zum **Oberhüttensattel**, dort rechts abzweigen und auf Weg Nr. 702 entlang eines Baches, über mehrere Geländestufen und durch Mulden zum namenlosen **Sattel** oberhalb eines Sees zwischen dem Roßkogel (links) und der Sonntagkarhöhe. Nach kurzem Abstieg quert man auf einer Rampe zur **Seekarscharte** und zweigt vor dieser rechts auf Weg Nr. 769 zur Vögeialm ab. Der Abstieg durchs **Klamml** – dieser Weg ist nicht nach dem Geschmack von Forststraßenspezialisten – ist ein echter Genuß für den Blumenfreund und zeigt die Schladminger Tauern von ihrer charakteristischen Seite: rauschende Bäche, kleine Seen, dunkle Felsen über grünen, blumenreichen Böden, Alpenrosenfeldern und einem Waldgürtel. Im Talboden geht es zur **Vögeialm** hinaus.

37 Mitterfager, ca. 1940 m, Hinterfager, 1971 m

Genußvolle Höhenwanderung über aussichtsreiche Bergrücken

Trinkeralm – Mitterfager – Hinterfager und zurück

Talorte: Radstadt, 858 m, und Forstau, 923 m.
Ausgangspunkt: Trinkeralm, ca. 1750 m. Zufahrt von Radstadt oder Forstau zur Seitenalm, am Scheitelpunkt der Bergstraße zu den Fageralmen abzweigen (»Fagerstraße«) und auf mautfreier Bergstraße 8 km bis zur Trinkeralm.
Gehzeiten: Trinkeralm – Mitterfager – Hinterfager 1¼ Std., Hinterfager – Trinkeralm 1¼ Std.; Gesamtzeit 2½ Std.
Höhenunterschied: 250 m.
Anforderungen: Leichte Höhenwanderung.
Einkehrmöglichkeiten: Trinkeralm (bew. von Mitte Mai bis Anfang November, solange die Zufahrt möglich ist. 9 Zimmer mit Du./WC, außerdem 2 Selbstversorgerhütten nebenan mit 16 bzw. 20 L.), Jausenstationen Unterbergalm und Lechneralm am Zufahrtsweg.
Sehenswertes: Das Panorama auf der Höhenwanderung; die Alpenrosenblüte Anfang Juli.

Trinkeralm und Dachsteinkulisse.

Die Wanderung über die freien und aussichtsreichen Kuppen der Fager zeichnet nicht nur eine lange Saison – etwa von Juni bis in den November – sondern auch ein großartiges Panorama aus, das auch der weniger trainierte Bergwanderer z. B. am Beginn seines Urlaubs so richtig genießen kann. Dazu trägt wesentlich die bequeme Erreichbarkeit des bereits auf über 1700 m gelegenen Ausgangspunktes »Trinkeralm« bei; dadurch bleibt für die Höhenwanderung nicht mehr viel »Arbeit«, und man kann sich ganz dem Schauen und Träumen hingeben. Die Alpenrosenblüte Anfang Juli setzt hier wie auch auf vielen anderen Dachstein-Tauern-Touren farbenfrohe Akzente, an die man sich auch im Nachhinein gerne erinnert.

Schütterer Lärchenbestand, Alpenrosen und Latschen säumen den unmittelbar von der **Trinkeralm** südwärts führenden Wanderweg *Nr. 715* auf den **Mitterfagerkopf**, wo man das Skigebiet endgültig verläßt und über leicht gewellte Kuppen ohne besonderen Höhenunterschied auf das kleine, auf einem Felszahn errichtete Holzkreuz am **Hinterfager** zustrebt. Gewöhnlich endet hier die Wanderung. Es bleibt dem Gehfreudigen allerdings unbenommen, noch auf die östlich gelegene, etwas höhere Latschenkuppe weiterzuziehen, die ohne Schwierigkeit auf deutlichem Steig über einen Sattel in ¼ Stunde erreichbar ist. Abweisend stehen die beiden Geißsteine im Süden.

Der **Rückweg** zum Parkplatz an der Trinkeralm erfolgt auf der Anstiegsroute.

38 Predigtstuhl, 1305 m

Über ein Hexenhaus zur schattigen Aussichtswarte über dem Ennstal

Seitenalm – Predigtstuhl und zurück

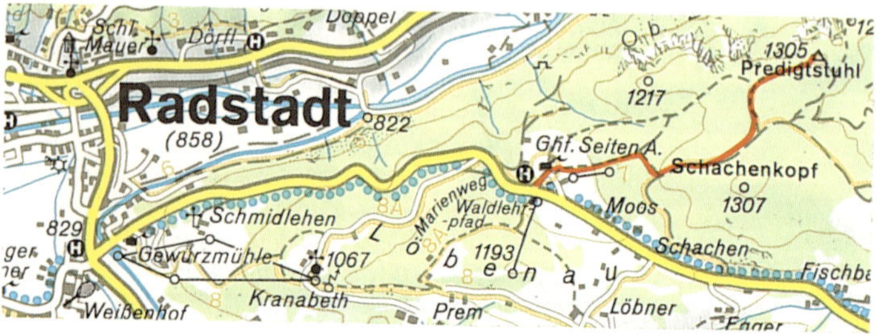

Talort: Radstadt, 858 m.
Ausgangspunkt: Seitenalm, 1070 m (Parkmöglichkeit). Zufahrt über Radstadt; auf der Straße nach Obertauern bis zum Ortsende, dann 2,7 km dem Ww. »Forstau, Seitenalm« folgen.
Gehzeiten: Seitenalm – Predigtstuhl 1 Std., Predigtstuhl – Seitenalm ½ Std.; Gesamtzeit 1½ Std.
Höhenunterschied: Etwa 250 m.
Anforderungen: Einfacher Wiesen- und Waldweg sowie Forststraße.
Einkehrmöglichkeiten: Gasthof Seitenalm, Gasthaus Gewürzmühle.
Sehenswertes: Blick vom Predigtstuhl auf Ennstal und Dachstein, kleiner See bei der Seitenalm, Waldlehrpfad nach Radstadt.
Variante: Wem der Wanderweg von der Seitenalm zum Predigtstuhl zu kurz erscheint, dem wird empfohlen, seine Tour am Gasthaus »Gewürzmühle« in Radstadt, an der Abzweigung der Straße nach Forstau, zu beginnen. Auf dem *Marienweg* und einem *Waldlehrpfad* (Nr. 8 A) erreicht er die *Seitenalm* und auf dem nachfolgend beschriebenen Wanderweg den Predigtstuhl. Damit verlängert sich die Tour auf etwas mehr als das Doppelte.

Die Wanderung von der Seitenalm auf den Predigtstuhl zählt zu den einfachsten Touren dieses Führers. Der Wanderer wird aber gerne an der schattigen Geländekante über dem Ennstal verweilen, in das die bewaldete Kuppe des Predigtstuhls ca. 500 m mit einer von wilden Rinnen und Gräben aufgerissenen Steilflanke abbricht. Reizvolle Fotomotive lassen sich hier zwischen den Bäumen entdecken, die das Bild mit dem Dachstein-Dreigestirn und seinen Südwänden einrahmen. Ausgedehnte Erika-Felder und Schneerosen säumen im Frühjahr den Weg, ein Hexenhaus steht unmittelbar am Waldrand.
Dem Ww. »Predigtstuhl/Hexenhaus« folgend, wandert man von der **Seitenalm** über eine Wiese zum Waldrand hinauf, wo man bereits das **Hexenhaus** sieht. In gleicher Richtung (Weg Nr. 7) geht es in den Wald, an der folgenden Gabelung nach rechts und schließlich auf eine Forststraße, die man nach links bis auf den Scheitel am Höhenzug verfolgt. Dort zweigt ein Pfad links ab und erreicht bald die Kuppe des **Predigtstuhls**. **Rückweg** auf der Anstiegsroute.

Im Frühling am Predigtstuhl – Blick auf den verschneiten Dachstein.

39 Roßbrand, 1770 m – Südroute

Grüne Insel inmitten eines gewaltigen Panoramas

Radstadt – Bürgerbergalm – Radstädter Hütte/Roßbrand – Rohrmoos – Pertill – Radstadt

Talort: Radstadt, 858 m.
Ausgangspunkt: Parkplatz an der Haspingerstraße in Radstadt.
Gehzeiten: Radstadt – Bürgerbergalm 1 Std., Bürgerbergalm – Radstädter Hütte 2 Std., Radstädter Hütte – Rohrmoos 1¼ Std., Rohrmoos – Radstadt (Parkplatz) 1¼ Std.; Gesamtzeit 5½ Std.
Höhenunterschied: Etwa 950 m.
Anforderungen: Schattige Waldwege und Sträßchen.
Einkehrmöglichkeiten: Bürgerbergalm (Jausenstation), Radstädter Hütte (Privathütte unweit des Roßbrandgipfels, Anfang Juni bis 26.10. bew., ca. 50 B. und L.), Rohrmoos, Pertill,Sonnhof (Gasthäuser).
Sehenswertes: Berühmtes Panorama am Roßbrand mit einer Rundschau auf etwa 150 Gipfel (Dachstein mit Gosaukamm, Niedere Tauern, Hohe Tauern mit Großglockner, Hochkönig, Tennengebirge); Wildpark Rohrmoos, Radstadt (alter Stadtkern).
Variante: Verbindung der Touren 4 und 39 möglich, Rückreise zum Ausgangsort mit dem Bus (BB-Linie 3250, Filzmoos – Eben – Radstadt).

Ein schattiger Waldmantel umgibt den Roßbrandstock bis weit unter das Gipfelplateau, er öffnet sich jedoch an den Jausenstationen und Gasthäusern der sonnigen Südseite zu aussichtsreichen Terrassen. Ein begeisterndes Panorama bietet sich schließlich auf dem Roßbrandgipfel, das den Erbauer des großen Holzkreuzes animiert hat, mit tiefen Kerben in den Querbalken zu schreiben: »Herrgott, d'Hoamat is schön!« Da von Radstadt eine Bergstraße zur Kammhöhe des Roßbrandes führt, ist es verständlich, daß hier an schönen Tagen viel Betrieb ist. Wohl dem, der noch an einem klaren Spätherbsttag diese Wanderung durchführen und in Stille dieses gewaltige Roßbrand-Panorama genießen kann!

Durch die **Haspingerstraße** stadteinwärts vor die Stadtmauer, links über die Brücke zu einer Straßengabelung, links weiter, in Schleifen auf einer Berg-

Spätherbst am Roßbrand – Blick hinüber zum Dachstein.

straße zu einer weiteren Gabelung, in deren Mitte ein Waldweg (Nr. 4 und 462) abzweigt und zur **Bürgerbergalm** führt. Rechts der Jausenstation durch einen ausgedehnten Waldgürtel, ein paarmal eine Forststraße queren, in angenehmer Steigung zur aussichtsreichen Kammhöhe mit der **Radstädter Hütte** und dem nahen **Gipfel**.

Über die Hütte etwas westwärts ausholen, dann auf *Weg Nr. 4 b* südwärts durch lichten Wald zur Bergstraße, diese überqueren und auf *Weg 4 c* im Wald nach **Münzgrub** und weiter nach **Rohrmoos**. Auf der Straße nach **Pertill** und zum **Sonnhof**, bald darunter von der Straße rechts abzweigen und auf dem *Weg Nr. 5* – ein paarmal die Straße queren und tangieren – nach **Radstadt**. Durch die *Schloßstraße* westwärts zur Brücke und zum Parkplatz zurück.

40 Südwiener Hütte, Spirtzinger, 2066 m, und Spazeck, 2065 m

Zwei bescheidene Gipfel über einer gemütlichen Hütte

Parkplatz Gnadenbrücke – Vordere und Hintere Gnadenalm – Südwiener Hütte – Spirtzinger – Spazeck – Südwiener Hütte – Gnadenbrücke

Talorte: Untertauern, 1010 m, und Obertauern, 1739 m.
Ausgangspunkt: Parkplatz bei der Gnadenbrücke, km 38,2, 1272 m. Von hier kann man noch auf einem Almsträßchen über die Vordere zur Hinteren Gnadenalm fahren (Jausenstation, 2,1 km ab Gnadenbrücke – Parken auf eigene Gefahr – Weidevieh!).
Gehzeiten: Gnadenbrücke – Hintere Gnadenalm ½ Std., Gnadenalm – Südwiener Hütte 1¼ Std., Südwiener Hütte – Spirtzinger 1 Std., Spirtzinger – Spazeck 20 Min., Spazeck – Südwiener Hütte ¾ Std., Südwiener Hütte – Gnadenalm ¾ Std., Gnadenalm – Gnadenbrücke ½ Std.; Gesamtzeit 5 Std. (nur Südwiener Hütte ab Gnadenalm 2 Std. hin und zurück).
Höhenunterschied: Etwa 750 m.
Anforderungen: Almsträßchen und Wanderwege zur Südwiener Hütte; markierte, z. T. etwas mühsame Steige zum Spirtzinger und Spazeck.
Einkehrmöglichkeiten: Gnadenalm Stüberl (Sommer und Winter bew., Langlaufloipe), Ht. Gnadenalm (bew. Juni mit Sept., 20 L.), Südwiener Hütte (AV, bew. Juli mit Sept., 60 L. und B., Tel. 0663/26741).
Sehenswertes: Johanniswasserfall (10 Min. zu Fuß von der Str. nach Obertauern, bei km 40,6 oder an der Abzweigung zur Felseralm bei km 40,9), s. Foto S. 125.

Die Südwiener Hütte, auf dem ausgedehnten Wiesensattel der Oberen Pleißlingalm gelegen, ist ein idealer Stützpunkt für Bergwanderer. Von Obertauern, von der Felseralm, ferner von der Gasthof- und Tauernalm am Nordportal der Tauernautobahn sowie von der Gnadenbrücke zwischen Unter- und Obertauern führen beliebte Wanderwege zu dieser Bergsteigerunterkunft. Die letztgenannte Route wählt auch unser Wandervorschlag. Mit dem Spirtzinger und dem Spazeck können von der Hütte auch noch zwei bescheidene Gipfel bestiegen werden.

Unmittelbar vor der **Hinteren Gnadenalm** rechts zur Südwiener Hütte, wobei der markierte Weg lohnender als die Straße ist. Über schütter bewaldete, beiderseits von Hochwald gesäumte Wiesenstreifen steigt man im Bereich eines Baches zur **Südwiener Hütte** an. Hinter dieser nordwestwärts durch eine feuchte Wiesenmulde, dann über latschenbewachsene Hänge auf einem meist schotterigen und streckenweise etwas mühsamen Steig auf den **Spirtzinger**. Am Kamm nach rechts in einen **Sattel** hinab und über den Latschenrücken zum einsamen **Spazeck**, sofern man nicht am Spirtzinger seinen Berghunger gestillt hat und sich zur Umkehr entschließt.
Vom Spazeck zur Wegteilung am Sattel zurück, dann auf dem linken Steig die Ostflanke des Spirtzinger bis zum Anstiegsweg queren und auf diesem zur Südwiener Hütte und zur **Gnadenalm** bzw. zum Parkplatz bei der Gnadenbrücke zurück.

Südwiener Hütte und Spirtzinger.

41 Von der Felseralm über den Wildsee zur Südwiener Hütte

Drei Wege von Hütte zu Hütte

Felseralm – Wildsee – Hengst – Südwiener Hütte – Felseralm

Talorte: Untertauern, 1010 m, und Obertauern, 1739 m.
Ausgangspunkt: Felseralm, 1660 m (Parkmöglichkeit). Von der Paßstraße nach Obertauern (Nordseite) zweigt bei km 40,9 (kleines Haus) rechts eine 1,5 km lange Stichstraße zur Felseralm ab.
Gehzeiten: Felseralm – Wildsee 1 Std., Wildsee – Südwiener Hütte 2 Std., Südwiener Hütte – Felseralm (Hirschwandsteig) 1½ Std.; Gesamtzeit 4½ Std.
Höhenunterschied: Etwa 500 m.
Anforderungen: Markierte, stellenweise etwas steile Wanderwege ohne besondere technische Schwierigkeiten.
Höchster Punkt: Beim Hengst, 2074 m.

Einkehrmöglichkeiten: Felseralm (Jugendheim, ca. 150 L., fast ganzj. bew.), Südwiener Hütte (AV-Hütte, bew. Anfang Juli bis Ende September, 60 L. + B., Tel. 0663/26741).
Sehenswertes: Wildsee, reizvolle Lage der Südwiener Hütte, Alpenrosenblüte Ende Juli/Anfang August, Johanniswasserfall.
Variante: Felseralm – Hintere Großwand – Gr. Pleißlingkeil – Südwiener Hütte, 1½ Std. länger, nur für Geübte! Die Gipfelroute über den steilen Ostgrat und Nordhang des Gr. Pleißlingkeil (2501 m) erfordert neben Ausdauer auch eine gehörige Portion Trittsicherheit im schuttreichen Steilgelände sowie ausreichende Sicht.

Auf drei verschiedenen »Etagen« bestehen Verbindungen zwischen der Felseralm und der Südwiener Hütte, die auch mit zunehmender Höhe an Schwierigkeit gewinnen: der ziemlich einfache Hirschwandsteig, der Tauernhöhen-

Wildsee und Seekarspitze (zweiter Gipfel von links).

weg und die Gipfelroute über die Hintere Großwand und den Gr. Pleißlingkeil. Dem Wanderer sei die Runde von der Felseralm über den Wildsee zur Südwiener Hütte mit dem Rückweg über den Hirschwandsteig empfohlen.

Hinter der **Felseralm** (Ww. »Südwiener Hütte, Wildsee«) rechts durch eine unbedeutende Senke zu einer Weggabelung hinauf. Auf *Weg Nr. 23* links abzweigen und über einen Steilhang auf eine schwach ausgeprägte Rippe, dann rechtshaltend zu einem Metallgitterkreuz und bald darauf zu einem versperrten Hütterl über dem Nordufer des **Wildsees**. Rechts weiter zu einer nahegelegenen, seichten Mulde mit Wegteilung (Aufschrift auf einem Stein, links zur Glöcknerin – siehe Tour 42 – und zum Gr. Pleißlingkeil, rechts zur Südwiener Hütte). Der *Tauernhöhenweg Nr. 702* führt nordseitig an der Vorderen Großwand vorbei (Wildseescharte), dann über den **Hirschwandsattel** und dahinter am Nordrand des Pleißlingkessels entlang, ehe er das kuppenreiche Gelände um den **Hengst** erreicht, wo von links die Variante über den Pleißlingkeil einmündet. Zuerst west-, dann nordwärts steigt man zur **Südwiener Hütte** auf der Oberen Pleißlingalm ab.

Ziemlich höhengleich führt der *»Hirschwandsteig«*, der sich überwiegend einer breiten Rampe bedient, an Nordhängen ostwärts zur **Felseralm** zurück. Lediglich am Sockel der Hirschwand trifft er auf eine *kurze, versicherte Stelle.*

42 Über den Wildsee zur Glöcknerin, 2432 m

Stille Aussichtskuppe über einem verträumten See

Felseralm – Wildsee – Glöcknerin und zurück

Talorte: Untertauern, 1010 m, und Obertauern, 1739 m.

Ausgangspunkt: Felseralm, 1660 m (Parkmöglichkeit). Von der Paßstraße nach Obertauern (Nordseite) zweigt bei km 40,9 (kleines Haus) rechts eine 1,5 km lange Stichstraße zur Felseralm ab.
Gehzeiten: Felseralm – Wildsee 1 Std., Wildsee – Glöcknerin 1¾ Std., Glöcknerin – Felseralm 2 Std.; Gesamtzeit 5 Std.
Höhenunterschied: 800 m.
Anforderungen: Markierte, phasenweise steile Wanderwege, die zeitweilig auch Trittsicherheit erfordern.
Einkehrmöglichkeit: Felseralm am Ausgangspunkt (Jugendheim, ca. 150 L., fast ganzj. bew.).
Sehenswertes: Wildsee aus dem Wildkar, Panorama von der Glöcknerin: Niedere und Hohe Tauern (Hochalmspitze, Ankogel, Großglockner), Goldberggruppe, Hochkönig, Dachstein, Totes Gebirge; Johanniswasserfall (Zugang von der Abzweigung der Stichstraße, siehe Foto S. 125).

Ausgedehnte Alpenrosenfelder über der Felseralm (Ende Juli), ein klarer, in einer Grube gelegener Bergsee, ein ödes Kar und eine massig hingelagerte Bergkuppe mit prächtiger Aussicht sind die charakteristischen Merkmale der Bergwanderung zur Glöcknerin.
Hinter der **Felseralm** rechts durch eine Senke und dahinter zu einer Weggabelung. Auf *Weg Nr. 23* »Glöcknerin« links abzweigen, über einen Steilhang auf einen Rücken und rechtshaltend zu einem Metallgitterkreuz, sodann geradeaus zu einer **Hütte** (versperrt) über dem Nordufer des **Wildsees** (wie Tour 41). Rechts weiter – gut auf die Markierung achten! – zu einer Weggabelung in einer seichten Mulde mit Aufschrift auf einem Stein. Der linke Weg steigt nun entlang der Ostflanke der Vorderen Großwand in das **Wildkar** hinauf und gewinnt in einem leichten Linksbogen den weiten Sattel westlich der Glöcknerin. Am Grat nach links zum Gipfel.
Für den **Abstieg** wählt man die Anstiegsroute. Als »Fleißaufgabe« kann man am breiten Sattelrücken westwärts zur **Hinteren Großwand** weitergehen. Dabei quert man auf einem Schuttband dessen Südflanke und wendet sich auf der folgenden Scharte nach rechts zum nahen Gipfel.

Abstieg von der Glöcknerin. Hinten von links Hocharn, Mosermandl und Pleißlingkeil.

43 Gamsspitzl, 2345 m, Zehnerkarspitze, 2381 m, und Gamsleitenspitze, 2357 m

Logenplätze über dem Radstädter Tauernpaß

Obertauern – Zehnerkarbergstation – Gamsspitzl – Zehnerkarspitze – (Gamsleitenspitze –) Obertauern

Talort: Obertauern, 1739 m.
Ausgangspunkt: Auf der Paßhöhe in Obertauern (Parkmöglichkeit).
Gehzeiten: Obertauern – Bergstation Zehnerkarbahn 1¾ Std., Bergstation – Gamsspitzl ½ Std., Gamsspitzl – Zehnerkarscharte – Zehnerkarspitze ¾ Std., Zehnerkarspitze – Zehnerkarscharte – Obertauern 1½ Std. (über Gamsleitenspitze 2 Std.); Gesamtzeit 4 – 5 Std. (je nach Gipfelwahl).
Höhenunterschied: 600 m (nur Gamsspitzl) bis 1000 m (alle drei Gipfel).
Anforderungen: Einfache Wanderung bis zur Bergstation der Zehnerkarbahn. Am Gamsspitzl auf den letzten 30 Hm sehr hilfreiches Drahtseil (Trittsicherheit und Schwindelfreiheit wünschenswert); Zehnerkarspitze und Gamsleitenspitze (Westgrat) Trittsicherheit und Schwindelfreiheit unerläßlich, nur für Geübte!
Einkehrmöglichkeit: Nur in Obertauern.
Sehenswertes: Tiefblick vom Gamsspitzl und von der Gamsleitenspitze auf die Paßhöhe, Rundblick von den Gipfeln: Tauern, Hochkönig, Tennengebirge, Dachstein. Prächtige Felder des Blauen Eisenhuts im August auf allen drei Gipfeln.

Während die Berge nördlich und östlich der Paßhöhe von Obertauern beinahe in jeder Mulde einen kleinen See oder eine Lacke bergen, sind diese westlich des Passes viel seltener. Kalk- und Dolomitgestein ist hier nämlich gebirgsbildend, das Wasser kann sich folglich nur schwer auf der brüchigen Oberfläche halten. Gamsspitzl und Gamsleitenspitze, zwei Aussichtslogen über der Paßhöhe, die schon zur Römerzeit eine wichtige Nord-Süd-Verbindung darstellte, werden wegen ihres Aussichtswertes gerne besucht.
Zwischen Hotel Wagner und Gasthof Zehnerkar in **Obertauern** an einem Zaun entlang und über einen Überstieg sowie einen Wiesenhang zu einer Gabelung der *Wege 21 und 22*. Der rechte Pfad (Nr. 21) führt zu einer Straße, der man

Blick von der Zehnerkarspitze auf Ankogel, Glöcknerin und Pleißlingkeil (von links).

bequem bis zur **Bergstation** der Zehnerkarbahn (1991 kein Sommerbetrieb) folgt. Südwärts weiter zur nahen **Zehnerkarscharte** (Weggabelung), dann rechts auf schotterigem Steig über den Ostrücken zum kreuzgeschmückten **Gamsspitzl**. Auf den letzten 30 Höhenmetern schenkt ein *Drahtseil* die nötige Sicherheit. Zur Weggabelung zurück und nach Obertauern hinab.
Zur **Zehnerkarspitze** geht man an der Weggabelung nach rechts, auf der Südseite des Gamsspitzls und am Fuß einiger Felstürme entlang, bis sich der Steig über abschüssiges und brüchiges Gelände hinaufwindet, ehe er durch eine steile Rinne mit Hilfe eines kleinen *Drahtseiles* ein Schartl und damit die Grathöhe gewinnt, die nach links dem Gipfel der Zehnerkarspitze zustrebt. Am Anstiegsweg zur Zehnerkarscharte und nach Obertauern zurück.
Abstiegsvariante: Anspruchsvoller ist der Rückweg über die **Gamsleitenspitze** nach Obertauern. Vom Zehnerkarsattel über den schmalen Westgrat (zu Beginn nordseitig, im Gratverlauf zweimal kurz südseitig ausweichend) zum Gipfel. Am Ostgrat oder rechts davon über die Bergstation zur Skiabfahrt, auf dieser zur Mittelstation, von dort auf der *Straße* oder links davon auf *Weg Nr. 22* entlang der Abfahrt über die Achenrainhütte nach Obertauern.

44 Gamskarlspitze, 2411 m, Plattenspitze, 2294 m

Zwei einsame Wächter über der Paßhöhe

Obertauern – Dr.-Theodor-Körner-Haus – Edelweißalm – Bergstation – Plattenscharte – Gamskarlspitze – Plattenspitze – Obertauern

Talort: Obertauern, 1739 m.
Ausgangspunkt: Parkplatz auf der Straße zum Seekarhaus, vor dem Sperrschild, ca. 1760 m. Von der Paßhöhe noch 500 m nach Norden (Ww. »Seekarhaus«).
Gehzeiten: Parkplatz – Theodor-Körner-Haus ¼ Std. , Theodor-Körner-Haus – Edelweißalm 20 Min., Edelweißalm – Bergstation ¾ Std., Bergstation – Plattenscharte ½ Std., Plattenscharte – Gamskarlspitze ½ Std., Gamskarlspitze – Scharte – Plattenspitze ½ Std., Plattenspitze – Obertauern über Edelweißalm 1½ Std. (über Seekarhaus 2 Std.); Gesamtzeit 4½ bis 5 Std.
Höhenunterschied: Gut 750 m.
Anforderungen: Markierte Wanderwege und Steige, stellenweise Trittsicherheit erforderlich.
Einkehrmöglichkeiten: Nur in und um Obertauern, z. B. Wismeyerhaus, Dr.-Th.-Körner-Haus, Vindobonahaus, Seekarhaus.
Sehenswertes: Der Tiefblick auf Obertauern, zum Oberhüttensattel mit See, zum Tscheibitschsee; Niedere Tauern, Hochkönig, Dachstein.

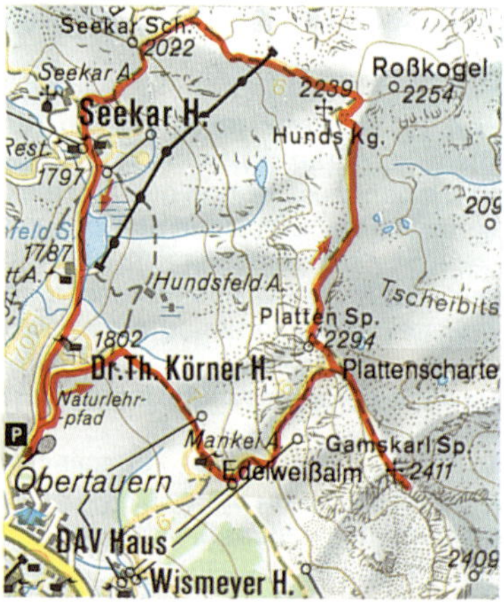

Die von einem großen Gittermasten verunstaltete Plattenspitze nordöstlich von Obertauern und sein größerer Nachbar, die Gamskarlspitze, sind wie (fast) alle Berge um den Radstädter Tauernpaß ideale Ziele für den Bergwanderer, doch auch hier verfolgen einen bis auf halbe Höhe die Liftanlagen des bekannten Skigebietes und bestätigen einmal mehr, daß sich der auf der Paßhöhe gelegene Ort ganz dem Skisport verschrieben hat. In den Sommermonaten wird fast überall gebaut, verbessert, revidiert. Auf beiden Gipfeln ist es aber überraschend einsam, denn die Zahl der Wanderer hält sich hier sehr in Grenzen.

Auf der Straße zum Seekarhaus bald nach rechts zum unübersehbaren **Körnerhaus** abzweigen, kurz vor diesem und bald danach wieder rechts abbiegen (Weg Nr. 7) und über ein mäßig geneigtes Plateau zur **Edelweißalm**. Unter dem Lift hindurch, über die Skiabfahrt hinweg zu einem Wegweiser an einer Zirbe. Hierher kann man auch vom Wismeyerhaus (etwas östlich unter der Paßhöhe gelegen) auf Weg Nr. 6 ansteigen, den man nun nach links im

Bereich der Abfahrtstrasse bis zur **Bergstation** am Eingang ins Plattenkar verfolgt. Auf der linken Flanke desselben zur Wegverzweigung auf der **Plattenscharte**: Nach rechts über einen steinigen Rücken, dann am grasdurchsetzten Blockgrat (eine ganz kurze, *leichte Kletterstelle*) zur **Gamskarlspitze**. Von der Scharte nach links über den leichten Grat zur **Plattenspitze**.

Der kürzere und einfachere **Abstieg** hält sich an die Anstiegsroute.

Abstiegsvariante: Im Rahmen einer Rundtour kann man auch über den nordseitigen Grasrücken der Plattenspitze zu einem Sattel absteigen (eine unangenehme, steile, schotterige Passage!), rechts um den Hundskogel herum, dann im weiten Linksbogen zur Seekarscharte und zum Seekarhaus hinab. Auf der Straße kehrt man zum Parkplatz zurück.

Grünwaldsee mit Plattenspitze (links) und Gamskarlspitze (Mitte).

45 Seekarspitze, 2350 m

Der Blickfang von Obertauern

Seekarhaus – Seekarspitze – Grünwaldsee – Seekarhaus

Talort: Obertauern, 1739 m.
Ausgangspunkt: Auf der Paßhöhe in Obertauern, 1739 m, (Parkmöglichkeit) oder 500 m nördlich derselben an der Straße zum Seekarhaus vor dem Sperrschild (ca. 1760 m, Parkmöglichkeit).
Gehzeiten: Obertauern – Seekarhaus ½ Std., Seekarhaus – Seekarspitze 2 Std., Seekarspitze – Grünwaldsee ¾ Std., Grünwaldsee – Seekarhaus – Obertauern ¾ Std.; Gesamtzeit 4 Std.
Höhenunterschied: 600 m
Anforderungen: Wanderwege und Forststraßen. Beim Abstieg zum Grünwaldsee ist stellenweise etwas Trittsicherheit erforderlich.
Einkehrmöglichkeit: Seekarhaus (AV-Hütte, ca. 80 B. + L., bew. von Ende Juni bis Mitte Oktober), Hochalm.
Sehenswertes: Mehrere kleine Seen in versteckten, grünen Mulden, Alpenrosenblüte im Juli, Panorama auf der Seekarspitze: Hochkönig, Dachstein, Schladminger-, Radstädter-, Hohe Tauern.
Variante: Mit der Grünwaldkopfbahn zum Grünwaldsee, dann entlang der Abstiegsroute zur Seekarspitze (ca. 2 Std. hin und zurück).

Die Seekarspitze, der Blickfang von Obertauern, macht zwar einen etwas unnahbaren Eindruck, doch von Südwesten, vom Seekarhaus, ist dieses grüne Horn über dem Radstädter-Tauernpaß unschwierig erreichbar, da sogar die Felsen am Gipfelgrat bei trockenem Wetter einen recht gutartigen

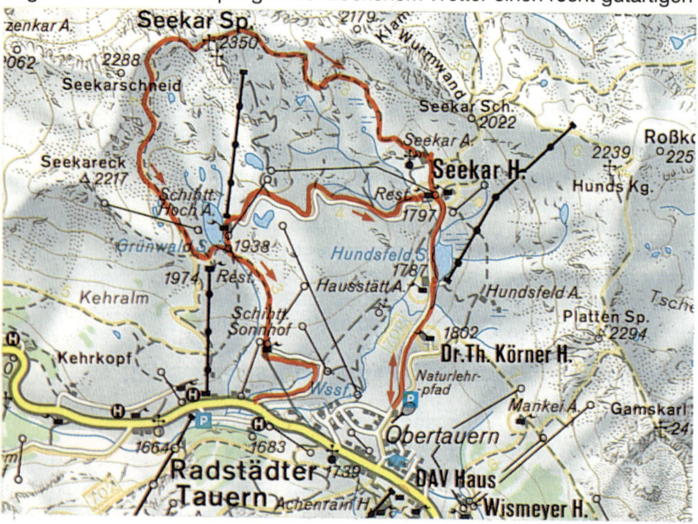

Auf der Seekarspitze – im Hintergrund der Dachstein.

Eindruck machen. Der Doppelgipfel mit den zwei Kreuzen stellt sich zudem als vorzügliche Aussichtswarte vor, die man wegen der hohen Ausgangslage von über 1700 m in zweieinhalb Stunden bequem erreichen kann. Schade, daß diesem prächtigen Wandergebiet um Obertauern von den vielen Liftanlagen und Pisten so arge Wunden geschlagen wurden. Die Hinweistafeln »Landschaftsschutzgebiet« wirken angesichts der massiven Eingriffe in die Natur geradezu als Hohn.

Entlang der Asphaltstraße zum **Seekarhaus**, dahinter auf einem Sandsträßchen (Ww. »Seekarscharte/Oberhüttensattel Nr. 702«) an einer unter einem Felsüberhang errichteten **Kapelle** vorbei zu einer *Wegverzweigung*. Hier links zu zwei an einem kleinen See gelegenen Hütten. Am Gewässer links vorbei und über gestuftes Gelände nordwestwärts, eine Skiabfahrt queren, in Windungen gegen den felsigen Ostgrat der **Seekarspitze** hinauf und entlang von diesem recht reizvoll und unschwierig zum Haupt- (Nord-)gipfel. Der einfachere Weg führt auf der Anstiegsroute wieder zum Seekarhaus zurück, die anspruchsvollere Route geht westseitig ins Schafkarl hinab – stellenweise steil und deshalb Trittsicherheit erforderlich –, in einem weiten Linksbogen zu kleinen Seen und Tümpeln und zum Südufer des **Grünwaldsees**. Nun entweder ostseitig auf einem Sträßchen (Nr. 4) über einen Rücken hinweg zum Seekarhaus hinab oder auf *Weg Nr. 3* über den Sonnenhof direkt nach **Obertauern**.

46 Arche, 2060 m, Tagweideck, 2135 m, Schwarzkopf, 2268 m, und Gamskogel, 2186 m

Gipfelrunde über dem Zauchensee

Gamskogelbahn I – Gamskogelhütte – Arche – Tagweideck – Schwarzkopf – Gamskogel – Gamskogelhütte

Talort: Altenmarkt im Pongau, 842 m.
Ausgangspunkt: Zauchensee/Gamskogelbahn, 1361 m. Erreichbar über Altenmarkt. Die Gamskogelbahn (Doppelsessel) ist von Juli bis Mitte September bei gutem Wetter täglich von 09.00 bis 16.00 Uhr zu jeder vollen Stunde in Betrieb (Mittagspause: 12.00 – 13.00 Uhr).
Gehzeiten: Gamskogelhütte – Arche 1 Std., Arche – Tagweideck ¾ Std., Tagweideck – Schwarzkopf 1 Std., Schwarzkopf – Gamskogel ¾ Std., Gamskogel – Gamskogelhütte ¾ Std.; Gesamtzeit 4 Std. Bei Verzicht auf den einen und anderen Gipfel entsprechend kürzer.
Höhenunterschied: Etwa 750 m (ohne Schwarzkopf etwa 600 m).
Anforderungen: Der anspruchsvollere Gipfel ist der Schwarzkopf; er erfordert Trittsicherheit, zwischen ihm und dem Tagweideck trifft man auf eine ganz kurze Drahtseilsicherung. Arche, Tagweideck und Gamskogel problemlos erreichbar.
Einkehrmöglichkeiten: Gasthäuser in Zauchensee, Gamskogelhütte, Almen um den Zauchensee mit einfacher Bewirtung in den Sommermonaten.
Sehenswertes: Zauchensee, Ausblick von den Gipfeln auf die Tauern und den Dachstein. Kirche in Altenmarkt.

Schwarzkopf (Mitte) und Gamskogel (rechts) spiegeln sich im Tümpel auf Gasselrain.

Die vier Gipfel Arche, Tagweideck, Schwarzkopf und Gamskogel lassen sich auf einer Rundtour besteigen. Die Gamskogelbahn am Zauchensee kann in den Sommermonaten als »Aufstiegshilfe« benutzt werden. Sieht man vom Schwarzkopf ab, so sind die übrigen drei Gipfel *jeder für sich* von der Gamskogelhütte unschwierig zu besteigen. Verbindet man sie zu einer Rundtour, so trifft man auf der Südseite des Tagweidecks auf eine kurze Drahtseilstelle. Bei ausreichender Sicht ist das Gelände zudem recht übersichtlich – es bleibt dem Geschmack des einzelnen überlassen, ob er die Runde in der vorgeschlagenen Richtung oder in der Gegenrichtung durchführt.

Von der **Bergstation** südwestwärts in eine Senke hinab, an der ersten Stütze der Gamskogelbahn II nach rechts (westwärts) durch den Seekarkessel in den Sattel zwischen Tagweideck und Arche. In ¼ Std. durch Latschen nach rechts auf die **Arche** und zum Sattel wieder zurück. Zuerst westwärts, dann von Norden her auf das breitgelagerte **Tagweideck**. Am Grat südwärts hinab, einige Gratköpfe auf der Westseite umgehen *(kurze Drahtseilstelle)*, zu einer Scharte hinauf, wo sich der Steig verzweigt. Geradeaus über den Grat weiter zum **Schwarzkopf** und hierher wieder zurück! Ostseitig am Schwarzkopf entlang auf den zwischen ihm und dem Gamskogel eingebetteten Sattel, dann links über den Kamm zum **Gamskogel**. Zum Sattel zurück und auf einem der beiden nordwärts führenden Wege zur **Gamskogelhütte** hinab. Die Rückkehr nach Zauchensee erfolgt entweder mit dem Lift oder auf einem ostwärts führenden Almsträßchen zu den Oberzauchenseealmen und zur Talstation.

47 Gr. Bärenstaffl, ca. 2140 m, und Steinfeldspitze, 2344 m

Eine Genußtour für den Trittsicheren und Schwindelfreien

Zauchensee – Oberzauchenseealmen – Gasselrain – Bärenstaffl – Steinfeldspitze/Ostgrat – Westgrat – Gamskogelhütte – Zauchensee

Talort: Altenmarkt im Pongau, 842 m.
Ausgangspunkt: Zauchensee, Parkplatz an der Gamskogelbahn.
Gehzeiten: Zauchensee – Gasselrain 1 Std., Gasselrain – Bärenstaffl 1 Std., Bärenstaffl – Steinfeldspitze 1 Std., Steinfeldspitze – Gamskogelhütte 1½ Std., Gamskogelhütte – Zauchensee 1 Std.; Gesamtzeit 5½ Std. Bei Benützung der Gamskogelbahn (siehe Tour 46) kann die Tour bequemer in Gegenrichtung durchgeführt werden; Gesamtzeit 3½ bis 4 Std.
Höhenunterschied: 1000 m (mit Lift ca. 500 m).
Anforderungen: Bergerfahrung, Ausdauer, Trittsicherheit und Schwindelfreiheit sind neben festem Schuhwerk, sicherem Wetter und trockenem Gelände Voraussetzung für die Durchführung der Tour.
Einkehrmöglichkeiten: Zauchensee-Gasthäuser, Oberzauchenseealmen, Gamskogelhütte.
Sehenswertes: Zauchensee, Rundblick von der Steinfeldspitze: Niedere Tauern (Hochgolling, Mosermandl, Faulkogel), Goldberggruppe, Großglockner, Hochkönig, Tennengebirge, Bischofsmützen, Dachstein, Tiefblick zum Zauchensee.

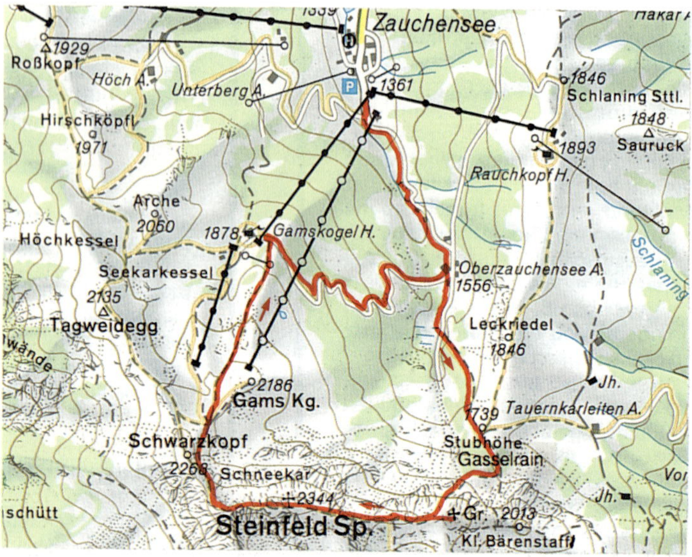

Schafe am Ostgrat der Steinfeldspitze.

Die Überschreitung der Steinfeldspitze zählt zu den anspruchsvollsten Touren dieses Führers. Sie bleibt dem Geübten mit alpiner Erfahrung vorbehalten und ist ein Genuß für den Trittsicheren und Schwindelfreien, der auch in brüchigem Gelände gut zurechtkommt. Etwas leichter ist der östlich vorgelagerte Gipfel, die Gr. Bärenstaffl, zu erreichen. Fotografen werden sich besonders beim Morgenlicht über die Spiegelungen in dem Tümpel am Gasselrain freuen (s. Foto S. 120). Dies ist auch der Grund, weshalb die Überschreitung in der Ost-West-Richtung angeboten wird. In der Gegenrichtung ist sie als einfacher einzustufen, da das brüchige Gelände des Westgrates dann im Anstieg zu bewältigen ist und auch der Lift in Anspruch genommen werden kann.
Vom **Zauchensee** auf der Almstraße geradeaus nach Süden zu den **Oberzauchenseealmen**, hier erneut geradeaus (!) weiter zu einer Geländeschwelle vor dem verlandeten Becken des Oberzauchensees. Hier links abzweigen

Im Abstieg über den Westgrat der Steinfeldspitze.

und der blauen Markierung durch lichten Wald, Latschen und Alpenrosensträucher auf den Wiesensattel des **Gasselrain** mit einem spiegelnden Tümpel folgen. Daran rechts vorbei, durch lichten Wald, Latschen und Alpenrosen im weiten Rechtsbogen gegen die Große Bärenstaffl empor (Markierung rot-weiß und ST) und in deren von kleinen Rinnen gezeichneten Nordflanke über steiles Schrofengelände (*kurze Drahtseilstelle*) zu einem Sattel. Hier nach links und in 5 Minuten über einen Wiesenrücken zum Gipfelkreuz der **Bärenstaffl**. Zum Sattel zurück, über einen zuerst breiten Grasrücken, dann auf der Schneide eines Felsgrates westwärts zu einer Unterbrechungsstelle (*Drahtseil*). Dahinter kurz in die Nordflanke ausweichen (*Drahtseile*) und zuletzt entlang des grasigen Ostgrates unschwierig zur **Steinfeldspitze**.
Am Grat westwärts in ein Schartl, dann über sehr brüchiges, steiles Schrofengelände auf der Südseite desselben an *Drahtseilen* entlang zu einer weiteren Scharte, am Grat nordseitig zu einem Eckpunkt, wo er nun in Nord-Süd-Richtung umknickt (Tiefblick in wilde Rinnen, Kare, Schluchten). Auf der Westseite des Grates nordwärts in eine dritte Scharte, dann ostseitig unter dem Schwarzkopf entlang in einen Sattel. Nordwärts zur **Gamskogelhütte**, dort nach rechts (ostwärts), auf einem Sträßchen zur **Oberzauchenseealm** und am Anstiegsweg zum **Zauchensee** zurück.

Auf breitem Wanderweg geht es unter dem Johanniswasserfall hindurch.

48 Strimskogel, 2139 m

Zum Wächter über dem Zauchensee

Zauchensee – Strimsalm – Strimskogel und zurück

Talort: Altenmarkt im Pongau, 842 m.
Ausgangspunkt: Parkplatz am Ostufer des Zauchensees, 1340 m. Erreichbar über Altenmarkt.
Gehzeiten: Zauchensee – Strimsalm $\frac{3}{4}$ Std., Strimsalm – Strimskogel 2 Std., Strimskogel – Zauchensee $1\frac{3}{4}$ Std.; Gesamtzeit $4\frac{1}{2}$ Std., Rundtour $5\frac{1}{2}$ Std.
Höhenunterschied: 800 m.
Anforderungen: Almsträßchen zur Strimsalm, dann Wanderweg und Steig zum Strimskogel.
Einkehrmöglichkeiten: Gasthäuser in Zauchensee, Strimsalm (nur in den Sommermonaten).
Sehenswertes: Rundblick vom Strimskogel: Hochkönig, Tennengebirge, Bischofsmützen und Dachstein, Niedere und Hohe Tauern bis Großglockner, Zauchensee, Kirche in Altenmarkt.
Variante: Für den ausdauernden Bergwanderer kann als Rückweg zum Zauchensee eine aussichtsreiche Kammwanderung nach Süden empfohlen werden: Über den Hahkopf, Rauchkopf (Rauchkopfhütte) und den Leckriedel aufs Gasselrain hinab, hier scharf rechts über die Oberzauchenseealmen zum Zauchensee zurück ($2\frac{1}{2}$ Std.). Auch vom Rauchkopf kann man auf einem Sträßchen zum Zauchensee absteigen.

Der Strimskogel steht als Wächter am Nordeingang über dem Zauchenseekessel. Viele Liftanlagen haben das einst verträumte Wandergebiet in ein Skigebiet mit allen Vor- und Nachteilen verwandelt. Der Strimskogel blieb davon verschont und zieht im Frühjahr die Tourengeher und im Sommer und Herbst die Wanderer an. Ein prächtiger Aussichtsberg!
Die gesamte Wanderroute zum Strimskogel ist auf dem Bild vom Parkplatz bis zum Gipfel gut einzusehen. Auf einem Sträßchen steigt man bei den ersten Häusern an der Nordostecke des **Zauchensees** in mehreren ausgeprägten

Zauchensee mit Strimskogel und Taxlalmkogel.

Schleifen durch den Waldgürtel zur **Strimsalm** an (Ww. »Strimskogel«). An der Straßengabelung hinter der Alm links und kurz darauf nach rechts zu einem Steig. Dieser führt über schütter bewaldete Almwiesen, dann durch lichten Bergwald und durch eine ausgedehnte Latschenzone ostwärts zu einem Sattel zwischen Strims- und Taxlalmkogel. Quer durch die Südwestflanke geht es zuerst auf eine kleine Schulter, dann zum Gipfel des **Strimskogel**.
Der **Abstieg** folgt der Anstiegsroute.

49 Lackenkogel, 2051 m

Zum grünen Horn über Altenmarkt

Sattelbauer – Lackenalm – Lackenkogel und zurück

Talorte: Altenmarkt im Pongau, 843 m, und Flachau, 927 m.
Ausgangspunkt: Sattelbauer, 1283 m. Mit PKW erreichbar über Flachau: Am Kaspar-Steger-Denkmal links, gleich danach über die Ennsbrücke, weiter bis zur Kirche, unmittelbar davor links, in einer Doppelschleife über die Autobahn, hier rechts (südwärts) und parallel zu ihr 1,1 km bis zur zweiten (!) Abzweigung. Auf dem »Eibenbergweg« (Schotterstraße) 2,7 km bergwärts zum Gasthaus Sattelbauer, in dessen Umgebung Parkmöglichkeit besteht.
Gehzeiten: Sattelbauer – Lackenalm 1 Std., Lackenalm – Lackenkogel 1¼ Std., Lackenkogel – Sattelbauer 1½ Std.; Gesamtzeit 3½ bis 4 Std.
Höhenunterschied: Insgesamt 750 m.
Anforderungen: Forststraße bzw. Waldweg zur Lackenalm, dann unschwieriger Steig zum Gipfel.
Einkehrmöglichkeiten: Sattelbauer (während der ganzen Wandersaison), Lackenalm (einfache Getränke in zwei Hütten von Ende Juni bis Ende September).
Sehenswertes: Rundblick vom Lackenkogel auf Hochkönig, Tennengebirge, Gosaukamm und Dachstein, Tauern, Tiefblick nach Flachau, Eben, Altenmarkt, Radstadt; Kirchen in Altenmarkt und Flachau.
Variante: Der Lackenkogel läßt sich auch im Rahmen einer lohnenden Höhenwanderung vom Zauchensee (Busverbindung von Altenmarkt) über den Roßkopf erreichen. Abstieg über Lackenalm, Sattelbauer, Neuhäusl nach Altenmarkt.

Der Lackenkogel steht als markantes, grünes Horn über dem Becken von Altenmarkt; er sticht dem auf der Tauernautobahn von Salzburg Anreisenden

unwillkürlich ins Auge. Da man von Flachau mit dem PKW bis zum Sattelbauer (Sattelgut) fahren darf, wird der Anstieg merklich entschärft. Der Rundblick vom Gipfel hält, was der Berg aus der Froschperspektive verspricht. Besonders reizvoll ist auch die weite, von einem Lärchenring eingesäumte Mulde um die Lackenalm im Herbst zur Zeit der Lärchenfärbung.
Vom **Sattelbauer** südwärts in den Wald und auf dem blau markierten *Weg Nr. 2* zu einer Forststraße hinauf. Entweder auf ihr weiter (etwas länger und bequemer) oder auf breitem, aber steilerem Fußweg bergwärts. Dabei überquert man noch weitere zwei Mal die Almstraße und folgt ihr zuletzt zur **Lackenalm**. Dahinter auf einen Sattel, dann auf einem Steig links über einen licht bewaldeten Rücken – etwas mühsam – und anschließend in der Westflanke des Berges durch weite Latschenfelder in einen weiteren Sattel südlich des Lackenkogels. Hier erneut nach links und über den zumeist freien Südkamm zum kreuzgeschmückten **Gipfel**.
Der **Abstieg** erfolgt auf der Anstiegsroute.

Altenmarkt mit dem Lackenkogel.

50 Grießenkareck, 1991 m

Aussichtsreiche Höhenwanderung mit Variationsmöglichkeiten

Flachau/Grießenkarbahn – Grießenkareck – Grießenkarbahn

Talort: Flachau, 927 m.
Ausgangspunkt: Bergstation der Grießenkarbahn (über Flachau), 1740 m. Betrieb im Juli/August täglich bei guter Witterung von 9.00 – 16.30 Uhr (1 Std. Mittagspause), im Juni und Sept. nur Sonderfahrten an best. Tagen. Sessellift mit 2 Sektionen. Parkmöglichkeit an der Talstation der Bergbahn, erreichbar über Flachau (Ortszentrum), dem Ww. »Hofgasse, Grießenkarbergbahn« folgen.
Gehzeiten: Bergstation – Grießenkareck 1 Std., Grießenkareck – Oströcken – Grießenkarbahn 1 Std.; Gesamtzeit 2 Std.

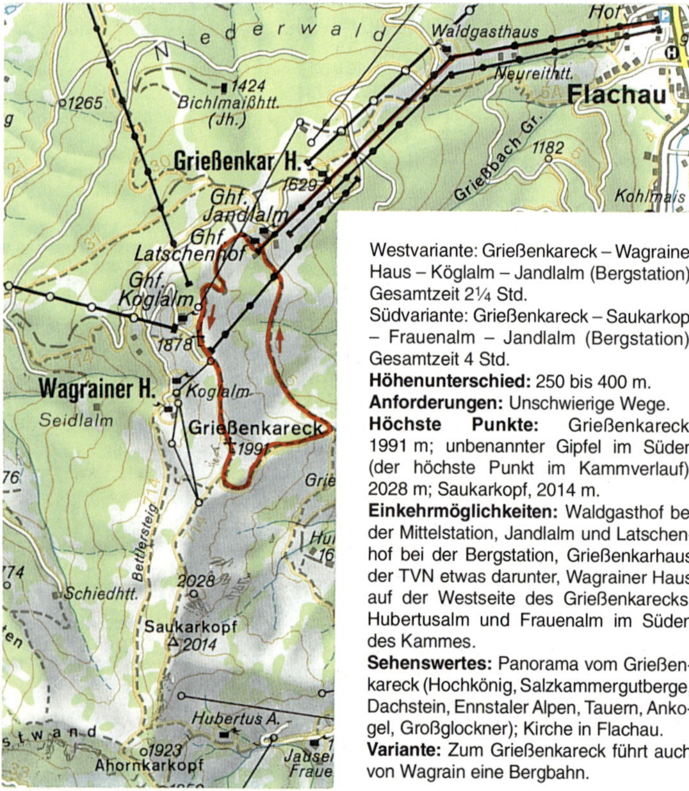

Westvariante: Grießenkareck – Wagrainer Haus – Köglalm – Jandlalm (Bergstation); Gesamtzeit 2¼ Std.
Südvariante: Grießenkareck – Saukarkopf – Frauenalm – Jandlalm (Bergstation); Gesamtzeit 4 Std.
Höhenunterschied: 250 bis 400 m.
Anforderungen: Unschwierige Wege.
Höchste Punkte: Grießenkareck, 1991 m; unbenannter Gipfel im Süden (der höchste Punkt im Kammverlauf), 2028 m; Saukarkopf, 2014 m.
Einkehrmöglichkeiten: Waldgasthof bei der Mittelstation, Jandlalm und Latschenhof bei der Bergstation, Grießenkarhaus der TVN etwas darunter, Wagrainer Haus auf der Westseite des Grießenkarecks, Hubertusalm und Frauenalm im Süden des Kammes.
Sehenswertes: Panorama vom Grießenkareck (Hochkönig, Salzkammergutberge, Dachstein, Ennstaler Alpen, Tauern, Ankogel, Großglockner); Kirche in Flachau.
Variante: Zum Grießenkareck führt auch von Wagrain eine Bergbahn.

Grießenkareck und Dachsteinkette (rechts).

Das Grießenkareck, der westliche Eckpunkt des Tourengebietes dieses Führers, ist in den Sommermonaten und im Herbst ein beliebtes Wanderziel, das mit Hilfe zweier Bergbahnen bequem erreicht werden kann.
Von der **Bergstation** der Flachauer Bergbahn nach rechts zum Latschenhof ausholen und auf den Rücken des vom Grießenkarecks nordwärts streichenden Kammes, wo man auf den von der Wagrainer Bergbahn einmündenden Weg trifft und zusammen mit diesem südwärts auf das spitze, grüne Horn des **Grießenkareck** zustrebt.
Wer nicht auf dem Anstiegsweg zur Bergstation zurückzukehren beabsichtigt, für den führt die Route in jedem Fall in die nahe Sattelmulde im Süden hinab. Ein ziemlich unauffälliger, blau markierter Steig zweigt links ab, führt auf den Ostrücken hinaus und in einer seichten Grasrinne ostwärts zu einer tintenblauen Lacke (Libellen, Wassereidechsen) hinab. Hier trifft er auf den von der Frauenalm kommenden Weg. Man kehrt nach links an den Osthängen entlang zur Bergstation zurück.
Westvariante: Vom Sattel nach rechts in eine Mulde hinab, zum Wagrainer Haus hinauf, dann über den Nordrücken hinweg ostseitig zur Bergstation bei Latschenhof/Jandlalm hinab.
Südvariante: Die Südvariante holt vom Sattel an drei Kuppen vorbei nach Süden zum Frauenalmsattel aus, führt ostwärts zur Hubertus- und Frauenalm hinab und kehrt nordwärts zur Bergstation zurück.

Stichwortverzeichnis

Die Zahlen hinter den Begriffen geben die Tourennummer(n) an.